浙江农林大学
自然教育研学手册

吴晓华　张　韵　主　编

陈胜伟　李翠环　叶喜阳　副主编

中国林业出版社

图书在版编目（CIP）数据

浙江农林大学自然教育研学手册 / 吴晓华, 张韵主
编 ; 陈胜伟, 李翠环, 叶喜阳副主编. -- 北京 : 中国
林业出版社, 2025. 8. -- ISBN 978-7-5219-3212-6

Ⅰ. G634.553；G40-02

中国国家版本馆CIP数据核字第202573CL49号

策划编辑：杜　娟
责任编辑：樊　菲　杜　娟
装帧设计：北京八度出版服务机构

————————————————

出版发行：中国林业出版社
　　　　（100009，北京市西城区刘海胡同 7 号，电话 010-83143610）
电子邮箱：cfphzbs@163.com
网址：https : //www.cfph.net
印刷：北京博海升彩色印刷有限公司
版次：2025 年 8 月第 1 版
印次：2025 年 8 月第 1 次印刷
开本：787mm×1092mm　1/16
印张：11.25
字数：179 千字
定价：78.00 元

《浙江农林大学自然教育研学手册》

编辑委员会

主　　编： 吴晓华　张　韵

副 主　编： 陈胜伟　李翠环　叶喜阳

编委会成员： 王　静　徐　曦　张应超　陈凡怡　张满萍
王　妍　林　璇　徐文艺　金小丫　郭玥含
章子洋　吕　喆

参 编 单 位： 浙江农林大学
杭州见心自然生态科技有限公司

前言
FOREWORD

习近平总书记指出："生态兴则文明兴，生态衰则文明衰。"党的十八大报告明确将生态文明建设纳入中国特色社会主义事业"五位一体"总体布局。党的十九大报告明确指出，加快生态文明体制改革，建设美丽中国，并强调"建设生态文明是中华民族永续发展的千年大计"。党的二十大报告又指出，要让"生态文明制度体系更加健全"。

当前，正值学龄的青少年群体多面临课业繁重、课余时间紧张、学习压力大等问题。他们与自然接触仅停留于身边尚可接触的点点绿地，可参与的自然教育内容也较单一，缺少与其他类型的绿地空间接触的机会。这不仅限制了青少年与大自然亲密接触，也不利于他们身心放松、视野开拓。

自然研学教育是在实践中发展起来的以自然为师的创新性教育活动。它通过大自然中的活动体验，重建和强化人与自然的紧密联系，实现人与自然的连接、融合和平衡。高校开展自然研学教育既是贯彻和践行新时代生态文明建设的"主渠道"，也是将自然教育融入高校思想政治教育全过程的生动实践。开展自然教育是推进高校教育教学改革朝纵深化发展的重要一环，高校在自然教育中承担着极其重要的角色。大学校园凭借其蕴含各类丰富的人文景观资源与自然景观资源，已然成为开展自然研学教育的重要阵地。

浙江农林大学重视生态文化建设，全面实施"生态育人，育生态人"工程，致力于打造"两园（校园、植物园）合一"的现代化生态校园，被誉为"浙江省高校校园建设的一张亮丽名片"。

浙江农林大学以农林、生物、环境学科为特色，是涵盖九大学科门类的多科性大学，拥有多学科、多侧重的重要实验室、科研团队，例如，浙江省省属高校首个国家重点实验室——省部共建亚热带森林培育国家重点实验室，居全国调饮茶前列的新茶饮实验室，被认定为浙江省省级实验教学示范中心的人居环境实验室；与浙江天目山国家级自然保护区、钱江源国家公园等校内外学生实践基地相互配合，形成科研–实践闭环，保障师生自然研学教育中的科学实践有效落地。

浙江农林大学校园拥有植物物种3500多种，其中，收集天目铁木、羊角槭、银缕梅、北美红杉等珍稀与特色植物200余种，鸟类近200种，两栖爬行类动物30余种，昆虫种类超过2000种，物种密度指数高达460。浙江农林大学多次蝉联中国大学校园植物排行榜榜首，学校坚持每年引种30～50种（含品种）新植物，

并相继建立了珍稀植物园、茗茶园、百草园等特色园区，持续推进校园景观提升及植物引种工作。

　　生物多样性丰富的校园不仅为师生教学、科研、实践提供了便利的支撑保障，每年还吸引了数以万计的中小学生、市民前来参观考察、接受自然研学教育，发挥了重要的社会服务功能。建校以来，学校凭借优越的自然环境与扎实的专业知识讲授，多次承接当地中小学生来校开展自然研学活动并广受好评。学校先后被评为"国家生态文明教育基地""全国青少年户外体育活动营地""自然教育学校（基地）""浙江省中小学劳动实践基地（学农基地）"等，在自然教育领域树立了优质典范。

　　本书以极具农林类院校特色的浙江农林大学为例，精心设计了十大主题的自然研学教育系列活动，并提供实践指导，以期打造农林类高校乃至各类高校均可借鉴的大学校园自然研学教育范本，形成富含校园文化底蕴的高校特色自然研学教育品牌，为高校自然研学教育发展提供进一步研究和实践的方向。

　　本书是一本以实践为基础、理论为支撑的高校自然研学教育活动指南和参考书，旨在帮助读者在各种类型的大学校园内开展特色自然研学教育活动，培养学生的生态环境意识和可持续发展理念，将自然研学教育融入育人全过程。我们希望通过本书的呈现和分享，激发更多人士关注大学校园内的自然研学教育，重视包括大学生在内的各阶段学生的自然研学需求。在此，我们诚挚邀请广大教育者、研究者和实践者积极参与，并将宝贵的经验和成果分享给更多人，让更多的青少年受益，共同推动自然研学教育迈向新高度。

　　世界上最好的课堂叫大自然。通过本书的出版与传播，我们相信大学校园将逐步发展为当代青少年开展自然研学教育的不二场所，成为大、中、小、幼学生开展自然研学教育的重要基地，为社会的可持续发展作出更大的贡献。

　　本书由浙江农林大学校园植物园与教务处联合资助编纂完成。浙江省教育厅研究课题"高校大学生自然教育需求及实践基地建设研究"也为本书提供了支持。本书由浙江农林大学自然教育研究中心吴晓华、张韵担任主编，陈胜伟、李翠环、叶喜阳担任副主编。参编人员还有浙江农林大学风景园林与建筑学院王静、徐曦及咫尺自然的张应超，浙江农林大学的研究生陈凡怡、张满萍、王妍、林璇、徐文艺、金小丫、郭玥含、章子洋、吕喆也参与了本书的编写。本书的编纂工作得到了浙江农林大学自然教育研究中心全体同人的大力支持与专业指导，也得到了风景园林与建筑学院、动物科技学院、动物医学院、茶学与茶文化学院、环境与资源学院、碳中和学院、现代农学院、体育军训部、国家木质资源综合利用工程技术研究中心、竹子研究院、浙江农林大学生态文明研究院、百草园等部门和园区的支持，在此谨致谢忱！让我们携手探索、实践、进步、共享，共同谱写大学校园自然研学教育的新篇章！

吴明华

2025 年 3 月 1 日

目
录
CONTENTS

第一章　自然教育的概念和内涵

第一节　自然教育的概念与意义

在探讨"自然教育"这一术语的含义之前，我们首先需要对"自然"和"教育"这两个词分别进行阐释。"自然"作为名词，涵盖了从宇宙到基本粒子的自然界和自然现象，包含了一切物质世界和生命存在。而"教育"一词源自《孟子》中的"得天下英才而教育之"，狭义上指学校教育的组织，广义上则涉及影响人的身心发展的所有社会活动。结合"自然"与"教育"的定义，我们可以从以下三个角度来理解自然教育：

首先，自然教育是对自然界的认知和实践活动。正如"园日涉以成趣"所言，人们通过观察自然细节，体验与万物共生的成长。自然教育的教材就是多样的自然万物，以自然实物作为教学资源，通过认知和实践活动，培育公众认识自然的能力，建立人与自然的联系，树立生态世界观，遵循自然规律，以促进人与自然和谐共生。

其次，自然教育是在自然环境中进行的认知和实践活动。其以自然为背景，融入自然，强调自然体验教育的主题，实现寓教于乐。通过这样的实践，受教育者在接触自然的过程中学习生态环境知识，改变对人与自然关系的看法，调整对待自然生态的态度和价值观，提升维护生态平衡的技能，深刻理解人与自然的内在联系，提高生态文明素养，进而实现与自然的和谐共生。

再次，自然教育是基于人的自然天性的认知和实践活动。以卢梭等法国启蒙

自然教育
通过细致的自然观察
开始学习

进行实践活动
参与自然中的动手体验

学习生态知识
通过自然体验
获得生态见解

改变态度
转变对自然关系的看法

发展技能
培养生态平衡的能力

实现和谐共生
达成与自然的平衡生活

自然教育的循环

思想家为代表的自然主义教育流派，强调教育应顺应自然法则，提倡让孩子自然地学习，注重摆脱人为影响的自主学习方式。

综上所述，我们对自然教育有了全新的诠释：自然教育是人类在自然环境中认识包括自身在内的自然界的一切实践活动的总称。自然教育强调让教育者和学习者走进大自然，在自然环境中开展教育活动。通过与大自然的直接接触，获取关于自然的知识和经验。自然教育以认识自然、了解自然、理解自然为目的，从而形成爱护自然、保护自然的意识形态。此外，自然教育就字面意思也可翻译为"自然环境的生态保护教育"。简而言之，就是在大自然的环境中，观察和摸索周围的环境，感受大自然的奥妙和美好，从而自发学会欣赏自然、尊重生命，培养可持续发展的绿色生活价值观，自主成为一个爱己、爱人、爱自然的世界公民。

自党的十八大以来，我们党关于生态文明建设的理念不断丰富发展，生态文明建设在"五位一体"总体布局中占据重要位置。开展自然教育活动，是提升公众生态文明意识、推进生态文明建设的重要手段。自然教育是人们认识自然、了解自然、理解自然的有效方式，也是推动全社会形成尊重自然、顺应自然、保护自然的价值观和行为方式的有效途径。近年来，自然教育在中国受到广泛关注，自然教育实践在各地蓬勃发展，形成了具有中国特色和时代特点的全新业态。

自然教育场景

第二节　自然教育的特征

一、顺应自然的实践过程

自然教育是人客观认识自然界的过程。首先，人类作为自然界客观存在的一部分，本就应该顺应自然规律，尊重自然环境；其次，人类的活动需要与自然界和谐共生，人类不能凌驾于自然之上。因此，我们可以把自然教育活动的核心理解为：归于"自然"，发展"天性"，培养"自然人"。

自然教育强调在自然环境中的体验式学习，促进受教育者与自然之间的联系，助力受教育者性格的完善发展，使其更加坚韧、乐观且包容。这种体验式学习使受教育者在直接与周围的自然环境互动的过程中获得感官、动觉上的体验，是一个在自然环境中沉浸式学习的长期过程，潜移默化地提升受教育者的记忆力和理解力。

二、终身的学习行为

自然教育是让不同年龄段的公众参与其中的、不限形式的、终身的学习行为。人类在不同的年龄阶段，其与自然界的互动中表现出明显的差异。因此，我们认为有必要对不同年龄段的公众开展自然教育，使不同的受教育者在融入自然的学习中把握自然的存在，展开对自然的探索，建立与自然的联结。同时，通过自然教育提升公众对生活环境的认同感和归属感，培养自身生态素养，从而促使他们主动保护周边的环境，关心身边的环境问题。同时，自然教育对受教育者成长过程中的人格发展和塑造也具有一定的积极作用，以自然为基础的学习促进了受教育者内心生出对环境的关爱，点燃受教育者对世界的好奇心，加强受教育者与自然万物的紧密依存关系。这种方法旨在培养能够为社会作出积极贡献的全面发展的人才。

当前，自然教育的重点对象是青少年。一方面，青少年是最容易接受教育，也是最容易发生改变的一个群体；另一方面，青少年是国家的未来，对他们开展自然教育将具有更加深远的意义。通过自然教育，可以培养青少年的自理、自立、自信、自强的品质，树立人与自然和谐相处的理念。就像理查德·洛夫（Richard Louv）在《林间最后的小孩：拯救自然缺失症儿童》（*Last Child in the Woods: Saving Our Children from Nature-Deficit Disorder*）一书中曾说："自然总是能给孩子一个更为广阔辽远的世界，这既不同于父母给予的亲情世界，也不像电视那样会偷走孩子们的时光，相反，她能丰富孩子的精神世界。"而从另一个层面来看，自然教育通常采用的是更具包容性的教育方式，为心理及生理残疾儿童也提供了公平的教育机会，从而培养其归属感和社区意识，以清新、静谧的自然环境缓解弱势群体的不安全感。

综上所述，只有把自然教育融入育人的全过程中，才能为未来培养具有生态文明价值观和实践能力的建设者和接班人奠定坚实的基础。

自然教育的重点对象是青少年

第三节　自然教育的意义与作用

　　100年前，美国教育家约翰·杜威（John Dewey）说过，对孩童时代间接经验的推崇会造成人的生命失去个性的危险。而通过体验某一件事情，学习到的不仅是事情本身，还包括事情背后的逻辑与规律。过去使用传统知识传授时，老师们将各种知识直接灌输给学生，学生只要能够背诵和记忆即可。而目前，教育强调培养孩子的"学习能力"和"生存能力"。扎实的学习能力包括掌握基础、基本的常识，不管社会怎样变化都能找到自己的课题，以及自主判断、行动以及更好地解决问题的能力。生存能力包括"丰富的人性"和"健康和体力"。"丰富的人性"是指在自律的同时，强调与他人共处、对他人拥有同理心和感恩之心。"健康和体力"是指要学会身心健康地、坚强地生活着。自然教育正是通过让参与者在实际生活和观察中，探究事物发生、发展的缘由和规律，寻找相关的材料验证自己的猜测和假设，归纳出这些经验的规律，从而获得新的知识，并把体验的收获运用到下次行动中。

一、主动探索：激活内在驱动力的引擎

　　当人们以好奇之心叩开自然之门，每一片叶脉的纹路、每一次季节的更迭都成为激发认知渴望的火种。相关研究表明，野外环境能显著提升参与者的主动性与自我引导能力，这份内在驱动力如同涟漪，持续扩散到生活的各个场域。对于健全人而言，自然中的未知挑战更像是天然的动力泵：攀登一座山峰时对路线的自主规划，观察迁徙候鸟时萌发的知识求索欲，都潜移默化地强化着"主动破局"的生存意识。自然以其不可预设的复杂性，教会人们用探索者的姿态直面生活谜题。

二、价值重构：在自然平等场中建立精神坐标系

自然教育的核心魅力，在于构建了一个去中心化的价值体系。马萨诸塞州"疗养花园"的实践证明，当人们挣脱了社会标签的束缚，在自然景观中自由诠释世界时，创造力与自我认同便获得了生长的沃土。一块普通的岩石，可能被视作远古文明的遗迹，也可能被想象为精灵的栖息地。这种无标准答案的互动模式，打破了传统教育中"唯一正确"的思维桎梏。无论是儿童用树枝搭建想象中的城堡，还是成年人在森林徒步中重构职业规划，自然都以包容的姿态接纳所有的解读，让每个个体都能在与自然的对话中，找到独一无二的精神坐标，建立不依赖外界评价的自我认同感。

三、韧性锻造：在自然法则中淬炼生存智慧

自然是最严苛的导师，也是最温柔的锻炉。复杂的地形、多变的天气、微妙的生态平衡，构成了超越任何人工设计的挑战系统。徒步时应对突发天气的决策能力，团队露营中分配物资的责任意识，都是自然赋予人类的生存课。对于青少年而言，在丛林冒险中学会敬畏自然规则，等同于掌握了应对人生风险的预演沙盘；对于职场人来说，协作解决野外拓展中的困境，则成为解决团队冲突的镜像模型。这种在自然压力下形成的忍耐力与责任感，如同植入生命的韧性基因，让人在面对生活湍流时，既能坚守自我责任，又能灵活适应变化。

四、关系重塑：从自然共生到人际共融

自然教育的场域中，人与人的联结被赋予了新的维度。当城市中的陌生人在荒野中共同搭建庇护所，当不同年龄层的参与者协作完成生态调研，自然成为打破社交壁垒的催化剂。参与者在自然合作中培养的包容力、共情力，能显著提升其人际关系质量与社会适应能力。这种基于共同目标的协作体验，让人们超越了

日常社交中的利益算计，在传递火种、辨别方向等原始协作场景中，重新唤醒人类作为群居动物的共生本能，构建起更纯粹、更具凝聚力的情感纽带。

🌲 五、认知升维：在实证观察中构建思维坐标系

自然是永不落幕的实验室，每一次自然观察都是对认知的校准与突破。观星爱好者通过持续记录星轨修正宇宙认知，园艺新手在植物生长周期中理解生命规律。这种"假设—验证—迭代"的认知闭环，正是自然教育赋予人类的思维馈赠。当人们用放大镜观察昆虫复眼，用望远镜追踪候鸟迁徙，本质上是在学习用科学方法论解构世界。即便观察结果与预期相悖，也是珍贵的认知升级契机。正如发现某株植物的特殊生存策略，可能颠覆既有的生态认知框架。这种在自然中养成的实证思维，让人们在面对信息洪流时，能以理性之光穿透迷雾，做出更独立的判断。

🌲 六、生态觉醒：从感知自然到守护自然

感官体验是连接人类情感与自然的桥梁。当指尖触摸过树皮的纹理，当耳畔萦绕过溪流的乐章，当鼻腔捕捉到泥土的芬芳，这些多维感知正在重塑人们对自然的认知维度。美国北卡罗来纳州立大学教授罗宾·穆尔（Robin Moore）提出的"自然学习行动"项目中提出，丰富的自然环境能激发人类最本真的创造力与生态意识。从儿童在草丛中搭建的微型生态系统，到成年人参与的森林碳汇监测项目，这种从"感知者"到"守护者"的身份转变，正是自然教育的深层价值——当人们真正理解落叶如何参与物质循环，候鸟如何维系生态平衡，便会从内心生发出对自然的敬畏与守护欲，完成从个体成长到生态责任的认知跃迁。

🌲 七、注意力修复：在自然韵律中重启认知系统

美国密歇根大学的环境心理学家斯蒂芬·卡普兰（Stephen Kaplan）和蕾

切尔·卡普兰（Rachel Kaplan）早在20世纪70年代为美国林务局进行了一项为期9年的研究，揭示了自然的"注意力修复机制"：两周的荒野生活能显著提升参与者的专注力与思维清晰度，而单纯的自然沉浸比高强度户外活动更具修复效能。这一发现为现代"注意力稀缺症"提供了疗愈方案——当都市人在公园长椅上观察云的流动，在郊野步道上聆听风的私语，看似"无所事事"的时光，实则是大脑默认模式网络的重启过程。这种自然赋予的"软性专注"，能有效缓解现代生活中的认知疲劳，让人们以更饱满的精神状态应对工作与生活的挑战。

自然教育的本质，是将人类重新置于生命网络的坐标系中，让每个个体在与自然的互动中，完成对自我、对他人、对世界的重新认知。它不仅是儿童拔节生长的土壤，更是成年人突破认知茧房的密钥，是全年龄段人群在快速变迁的时代中，保持生命弹性与精神厚度的永恒课堂。当我们学会用自然的视角审视生活，便能在草木枯荣中读懂韧性，在星河流转中看见格局，最终在自然的馈赠里，遇见更完整的自己。

自然意识
理解和欣赏自然世界

主动性
主动和进取的能力

自我判断能力
做出明智的个人决策

自信
对自己能力的信心

友谊
建立和维持牢固的关系

忍耐力
面对挑战时保持坚持

自然教育的意义

第二章 自然教育的发展历程

本书所探讨的自然教育，因尚未形成明确的学科和专业体系，并没有任何清晰、系统的资料、文献可以证明其理论和方法的历史渊源。但是，我们可以从很多相关理论方法体系中找到自然教育缘起的痕迹，它们虽然在发展中并没有最终导入自然教育这一概念和行业形态的具体形成，但从理论内涵和实践方法上，都对今日自然教育的形成和发展有一定的启示和借鉴价值。

第一节 国外自然教育的起源与发展

一、国外自然教育的起源

探讨自然教育的发端，观点各异：一些学者追溯至亚里士多德提出的自然教育理念；另一些人则认为其兴起与18—19世纪的环境教育理念紧密相关。尽管自然教育的确切起源难以界定，但有两个关键的历史时刻成为其发展轨迹中的重要节点。

首先，1762年，法国著名启蒙思想家、教育家让-雅克·卢梭（Jean-Jacques Rousseau）在其著作《爱弥儿》中阐述了教育的宗旨，即培养"自然人"的过程，他提倡"遵循自然顺序""信赖自然""将自然视为唯一的圣经"，并认为"遵循良心即遵循自然"。卢梭的自然教育理念与现代自然教育的侧重点不尽相同。卢梭侧重于顺应孩子的天性进行教育，而现代自然教育则更加关注自然保护的教育。例如，卢梭强调的是教育的自然法则服从，而现代自然教育则着重于自然环境在教育中的作用，以及环境价值观的教育，如推动可持续发展教育。

其次，1892年，苏格兰植物学家帕特里克·盖迪斯（Patrick Geddes）博士在爱丁堡建立了一座瞭望塔，供学生进行自然观察和学习。他被视为在环境与教育之间搭建桥梁的第一人。盖迪斯博士倡导的自然学习、乡村学习、自然研究、户外教育以及保育教育等活动，为当今自然教育的形成奠定了基础。例如，他组织的活动直接影响了后续的自然教育实践，如户外探索和生态保护项目。

捷克著名教育家夸美纽斯（J. A. Comenius），是西方自然主义教育系统的构建者，他主张教育应该符合一种"自然适应性"原则，认为儿童的成长如同自然界的植物、动物一样，要顺其自然，符合自然规律。他指出，人所应该学的必须通过实践来学会，也就是不停地去实践并重复，才能真正学到东西。因此，那种灌输型的教育就是违背了知识传授的规律。他主张，旅游与体验的教育方式对于一个人而言从小到大都是非常重要的学习方式。因为，通过旅游体验，学生可以了解并探索自然本质以及人类所创造的事物的规律与特点。

🌳 二、国外自然教育的发展

20世纪50年代，丹麦的母亲们开始带领孩子们每日在森林中徒步和游戏活动，参与的孩子数量逐渐增加。母亲们观察到，参与森林活动的孩子们在身心发展上更为成熟，性格也更为开朗。这一现象标志着森林幼儿园的初步形成。例如，丹麦的漫步幼儿园（Walking Kindergarten）就是早期的先驱之一。这个成功案例被广泛传播，激发了其他国家对自然教育的兴趣。

到了1968年，德国也出现了类似的森林幼儿园，尽管最初并未获得政府的认可，但到了1993年，它们终于得到了正式的承认。德国良好的森林资源保护，为自然教育的开展提供了优越条件，德国的森林幼儿园迅速发展，至今已有超过1500所。例如，德国的沃尔夫斯堡森林幼儿园（Wolfsburg Forest Kindergarten）

成为国际上的模范，它的教育模式被多个国家借鉴。

随后，瑞士和奥地利也相继开办了森林幼儿园，为孩子们提供自然教育课程。瑞士的巴塞尔森林幼儿园（Basel Forest Kindergarten）就是一个典型例子，它通过创新的户外教学活动，促进了孩子们对自然环境的深刻理解和尊重。1995年，英国也引入了森林学校，随着森林教育理念的普及，英国的森林教育体系逐渐建立。例如，英国的森林教育网络（Forest School Association）成立，为森林学校提供了全国性的支持和认证，推动了森林教育在英国的标准化和普及化。

自第一所森林幼儿园成立以来，这种教育模式就像菌丝般在斯堪的纳维亚半岛迅速扩散，20世纪60—90年代，森林幼儿园经历了其早期发展阶段。挪威的巴肯森林幼儿园就是一个典型案例，它通过实践证明了自然教育对儿童全面发展的重要性。北美的森林幼儿园起源于1970年的世界地球日，至今已有40余年的历史。2005年，美国学者理查德·洛夫的著作《林间最后的小孩：拯救自然缺失症儿童》引发了对儿童户外活动的广泛讨论和关注。例如，加拿大的自然幼儿园就是基于洛夫的理念而建立的，它为孩子们提供了全天候的户外学习环境。

这些实例表明，自然教育在国外的发展受到多个关键项目和理念的推动，这些项目和理念不仅在本国产生了深远影响，也为其他国家提供了学习和借鉴的范例。开展自然教育与各国的自然条件、地理环境密切相关，不同的国家和地区都会以本国或本地区的自然环境特点设计出适合的自然教育课程或活动。美国、澳大利亚、日本及韩国是较早开展环境教育（包括自然环境教育及自然教育）并形成了系统教育体系的典型国家。下面就这几个国家在相关立法、教育模式、教育内容及形式等方面进行概括性介绍。

（一）美　国

美国是世界上最早将环境教育以立法的形式公布的国家。1970年，美国颁布了世界上第一部环境教育法《国家环境教育法1970》。1990年，美国国会颁布了《国家环境教育法1990》，标志着美国环境教育立法进入成熟阶段。此外，美国国会民主党和共和党议员联合递交了《2013环境教育法增补提案》，提倡引导孩子进行户外学习和实践，发现自然的奇妙。

在教育实践模式方面，美国的自然教育实践模式主要是"教学+自然学校+项目"。美国学校内开展的自然教育体验课，在各种贴近生活的实践活动中（包括参观国家公园等保护地活动）让学生学习认识自然以及保护环境的相关知识。同时，美国也成立了自然学校，针对不同认知程度的孩子设计系统的、体验式的课程，让孩子在大自然中通过观察、动手等一系列自主的学习方式去探索、感知自然的魅力和探索知识的乐趣。例如，美国很多农场作为自然学校的教学场地，通过在农场亲自观察周围的自然环境，接触动植物以及思考与生活密切相关的问题等使得孩子对生命、自然的理解更加深刻。以上都是学校组织开展的自然教育模式。除此之外，美国还有很多以探索自然为目的的教育课程项目，组织孩子们到森林、农场开展远足、野营等生活实践活动，发现和探索自然之美。

在教育内容及方式方面，学校或自然学校作为教育的主阵地，其教育方式主要通过与社区、保护地开展合作，实现协同教育功能。美国是最早提出国家公园概念的国家，发展至今已经成为世界上国家公园体系发展最完善的国家之一。随着美国国家公园体系的建立，首任局长斯蒂芬·T.马瑟（Stephen T. Mather）认为："国家公园和名胜古迹首要的功能就是服务于教育。"美国国家公园通过解说与教育服务提升游客对公园环境资源的保护意识，解说与教育方式分为人员服务、非人员服务和教育项目。人员服务就是有公园管理者参与的解说服务，主要形式有游客中心服务、正式解说、非正式解说及艺术表演等。目前，美国国家公园体系有约6000名专业的解说人员。非人员服务是指没有公园管理者参与的媒体性设施，主要有展览和展品、路边展示、路标、印刷物、视频、网站等。教育项目是主要针对青少年开展的公园课堂，旨在让青少年在国家公园里学习自然科学和人文历史知识。

（二）澳大利亚

在环境教育立法方面，从世界范围来看，澳大利亚是较早开始重视环境教育的国家之一，于20世纪70年代就召开了"教育与环境危机会议"，到了20世纪90年代确立了走可持续发展环境教育的基本方向。1989年,《澳大利亚学校教育的国家目标》中关于环境教育的目标规定:"让学生理解并关注地球平衡发展的问题。"澳大利亚的环境教育目标体现在:理解可持续发展理论,形成可持续发展观念,掌握可持续发展技能。1999年,在南澳大利亚州的阿德莱德(Adelaide)召开的州和地区教育部长级会议上,各州教育部长共同签署了《21世纪国家学校目标宣言》,也称《阿德莱德宣言》。为了实现《阿德莱德宣言》所规定的环境教育目标,2000年7月澳大利亚环境和遗产部颁布了《为了可持续未来环境教育的国家行动计划》,并在其指导下推动环境教育的发展,特别是"可持续学校"的建立。

在教育实践模式方面,澳大利亚人把尊重学习者的生命体验与乐趣作为学习的前提。因此,澳大利亚的自然教育围绕着社会活动全方位展开,包括家庭教育、学校教育和社会教育。例如,在家庭中,学前儿童在游戏的模仿中愉悦自我、提高自我、升华自我,这体现着生命个体的自然学习,政府也以各种奖励制度来鼓励成人在双休日参与亲子活动,以此来倡导家庭互动式的教育;在学校里,注重学校环境贴近自然的设计,引导孩子们在自然环境中主动思考、摸索(自然环境中的游戏空间及其材料包括植物、树木、花园、种植区、沙、石头、泥巴、水等,它们都能够激发孩子们与自然之间的开放性互动,助其挑战自我,探索、体验并感知自然),从而潜移默化地提高儿童的自然保护意识;在社会中,有众多的政府和非政府环境组织推动学校和社会的环境教育的发展。澳大利亚的"可持续学校"是自然学校(也称绿色学校)的一种形式,它们善于开发学校内部及周边的环境和生态系统作为环境教育资源,且注重与当地社区的积极合作,通过当地社区开发更多的人力及实践资源共同开展自然教育。最后,澳大利亚国家层面规定,中、小学学生每年至少花两个星期的时间到国家公园、自然保护区的教育中心参与相关活动。这一国家政策大大促进了其国内自然教育的发展。

在教育的内容和方式方面,澳大利亚有众多的政府和非政府环境组织,特别是专门的环境教育中心和动物教育中心,共同推动了自然教育的发展。在澳大利亚,每个公园、保护区都能成为大众环境教育基地,其中有的环境教育基地会采取不间断定期组织学校教师培训的方式，让教师学习有关自然环境保护方面的知识和技能。例如，植物园教育基地培训教师种植植物的技能等，通过学习，教师再在课堂和实践活动中对学生进行自然环境保护教育。此种方式是对"保护地＋学校"的高效整合，保护地提供教师培训的场地、知识、技能，再由教师对学生进行理论讲解和实践指导，使学生、教师都从中得到系统、全面的自然教育体验。

（三）日　本

在环境教育立法方面，第二次世界大战后，战争引发的环境问题以及经济发展对资源的过度利用、开发，使日本的环境遭到严重破坏。1951年，随着日本自然保护协会的建立，日本政府开始在民众中传播保护环境的思想，后来水俣病等环境公害事件的发生，加速了环境教育理念的形成。1967年，日本政府颁布了《公害对策基本法》。1983年，日本全国教师研讨会议题由"公害与教育"更名为"环境问题与教育"。这一调整标志着日本环境教育理念的正式确立。面对日益严峻的环境问题，2003年，日本政府制定并颁布了《增进环保热情及推进环境教育法》，成为继美国之后世界上第二个制定并颁布环境教育法的国家。这标志着日本环境教育迈上了新的台阶，环境教育走上了法治化道路。

在教育实践模式方面，日本的教育强调自然体验学习，从小就让儿童接近自然、感悟自然，在自然体验中轻松愉快地成长，其实践模式主要为"自然学校＋社会＋社区"。此模式覆盖范围广，涉及人群多，使得日本民众从幼儿到成人都受到自然教育的熏陶。日本自然学校的特点是将校内、校外的两种生活模式相结合。在校内，学生会接受相关理论知识普及；在校外，学生进行"修学旅行"，这是自然教育体验活动中非常有特色也很受学生喜爱的主要内容之一。同时，日本的自然学校会整合非政府组织、社会企业及各方面的环境教育资源，多方合作，共同开展自然教育。例如，日本的环境协会组织各种亲子自然体验活动，让家长和孩子都能亲近自然、感悟生命。此外，日本的许多社区都设有各种形式的环保教育中心。例如，东京板桥区的环境中心，面向社区的全部居民和学校免费开放；还有很多社区公园保留了许多自然风貌，并拥有数量可观的野生动植物资源，使其周边的民众随时能感受到自然气息，潜移默化地接受着自然教育。

在教育的内容和方式方面，日本的学校、自治团体、企业、志愿者、非政府组织、地区森林所有者和森林联合体等民有林相关主体共同合作推进基于森林体验的自然教育事业，让日本的自然教育渗透到各行各业、各个阶层。日本公民的环境保护意识也很强烈，使得很多游客对日本的第一印象就是"好干净"。在日本的自然教育发展进程中，民间组织一直发挥着不可忽视的作用。例如，以保护野鸟为宗旨的民间环境保护团体"日本野鸟会"，其会员大都是中、小学生。他们在成年人的支持下，通过举办一些户外观鸟、保护栖息地等活动，不仅培养了自身热爱自然的意识，还获得了环境保护的相关知识。

此外，日本国有林场通过与学校合作在国有林中开展校园实践活动，与学校分担部分造林费用。这不仅拓宽了自然教育途径，也解决了国有林运营的资金问题。此外，日本还通过推进森林管理局、森林管理署等机构举办森林俱乐部和森林教室等活动，不仅让民众真切体验森林环境，还使得民众自发形成环保意识。日本的森林技术人员还会通过向大众提供森林和林业相关的信息和服务、制定区域管理经营计划、宣传报道林业新闻等方式，提高国民对国有林的关注度，增强国民对国有林事业的理解和支持。

（四）韩　国

在环境教育立法方面，韩国主要围绕森林资源保护进行法律法规的制定。1961年，韩国颁布实施了第一部《山林法》。随着山林植被的全面恢复，韩国于2000年颁布实施了新的《山林基本法》，随即于2001年又颁布实施了《树木保护法》。截至目前，韩国已出台了9部关于山林建设的法律，其中包括《森林休养法》和《森林教育法》。《森林休养法》和《森林教育法》的颁布使得韩国基于森林体验的自然教育走上系统、全面、稳定、快速的发展道路。

在教育实践模式方面，韩国注重生态环境保护意识方面的教育，从小学阶段便开始对学生进行生态保护教育，采用"森林体验式"的自然教育模式，依靠森林资源设立公园、博物馆，搭配专业森林疗养师、林道体验师、自然解说员，全面、系统地开展自然教育活动。目前，韩国正在努力推动青少年森林教育方面的立法工作，计划通过立法要求小学生每学期进行5～6小时的森林体验活动。

在内容和方式方面，韩国的自然教育主要是基于森林体验的自然教育方式。韩国共建立总面积为6743平方千米的20个国立公园以及13个森林博物馆，并针对树木园进行科学的功能分区，设置森林浴场、学生教育区、盲人树木园、特别保护区、爱心林、游戏林等多个区域，利用"传统＋科技"的方式向民众展示树木的生命和用途、森林的历史和文化等。此外，韩国还发展了一批具有专业资格的森林从业人员，包括森林疗养师、森林体验师，构建了一系列自然解说员资格评定与培训体系，夯实了自然教育开展的人员基础。值得一提的是，韩国在设计方面很注重细节，在保护地内会针对不同群体对森林的需求而调整设计重点。例如，韩国森林解说项目有针对孕妇、幼儿、青少年、中老年甚至残障人士等不同群体的讲解，使得每个人都能享受森林带来的福利。针对不同对象的项目或服务不仅增强了人们在自然教育中的体验感，丰富了自然教育的内容，还拓宽了自然教育的发展方向。

综上所述，目前国外自然教育的发展呈现多元化的状态，见表2-1。在开展自然教育的场所方面，从森林幼儿园、自然教育中心发展到森林公园、城市公园、社区、林场；在开展自然教育活动方面，各国的政府、学校、社区工作组织、地方自然保护组织等机构均展开了广泛又紧密的合作，合作的方式、效果各具特色；就自然教育发展的软环境而言，发达国家不论是对自然教育的理论研究，还是对发挥自然教育场地的作用以及帮助人们更好地认识自然、了解自然、培养正确的人与自然关系等方面，都有着比较成熟的理论体系。这些模式、制度、理念可以为我国自然教育产业发展提供重要的借鉴和启示。

表2-1 部分国家自然教育发展情况说明

国家	模式	特征	内容
美国	教学+自然学校+项目	学校内开展的自然教育体验课，在各种贴近生活的实践活动中，学生学习认识自然以及保护环境的相关知识	1.成立了自然学校，针对不同认知程度的孩子设计系统的、体验式的课程，让孩子在大自然中通过观察、动手等一系列自主的学习方式去探索、感知自然 2.美国国家公园通过解说与教育服务，开展公园课堂，旨在让青少年在国家公园里学习自然科学和人文历史知识，主要形式包括游客中心服务、正式解说、非正式解说、艺术表演、展览和展品路标、印刷物、视频、网站等 3.开展以探索自然为目的的教育课程项目，到森林、农场等户外场合开展远足、野营、生活实践等
澳大利亚	全方位环绕式	涵盖家庭教育、学校教育、社会教育	1.政府和非政府环境组织共同推进自然教育的发展 2."保护地+学校"高效整合，保护地提供场地、知识、技能，提前对教师进行培训，再由教师对学生进行理论讲解和实践指导
日本	自然学校+社会+社区	将校内、校外的两种生活模式相结合，校内接受相关理论知识普及，校外进行"修学旅行"	1.社区设有各种形式的环保教育中心，如东京板桥区的环境中心，面向社区居民和学校免费开放，还有很多社区公园保留了自然风貌以及数量相当可观的野生动植物资源，等等 2.日本政府通过与学校合作在国有林中开展校园实践活动，与学校分担部分造林费用，这样不仅拓宽了自然教育途径，也解决了国有林运营的资金问题 3.森林管理局、森林管理署等机构举办森林俱乐部和森林教室等活动，向大众提供森林、林业相关的信息和服务，对森林进行宣传报道
韩国	森林体验式	依靠森林资源设立公园、博物馆，搭配专业的森林疗养师、林道体验师、自然解说员	1.针对树木园进行科学的功能分区，设置森林浴场、学生教育区、盲人树木园、特别保护区、爱心林、游戏林等多个区域，并且利用"传统+科技"的方式向民众展示 2.发展了一批具有专业资格的森林从业人员，以及森林疗养师、森林体验师，构建了一系列自然解说员资格评定与培训体系 3.针对孕妇、幼儿、青少年、中老年甚至残障人士等不同群体设计讲解项目，使得每个人都能享受森林的福利

第二节　国内自然教育的起源与发展

一、中国自然教育的发展历史

中国的自然教育是随着环境教育的发展而逐渐展开的。普遍认为，中国的环境教育始于1973年，当年我国举办了第一次环境保护会议，并通过了《关于保护和改善环境的若干规定》，明确提出"大力开展环境保护的科学研究工作和宣传教育"，从此环境教育在全国范围内开始起步。

1992年，随着联合国环境与发展大会的召开以及《里约环境与发展宣言》和《21世纪议程》等文件的发布，社会普遍认识到应从发展的视角看待环境问题，环境问题的解决不能仅限于环境领域，必须追求生态、经济、社会三者的和谐共生，推动可持续发展。2007年10月，党的十七大报告首次提出建设生态文明的目标，强调要基本形成节约能源资源和保护生态环境的产业结构、增长方式、消费模式。党的十八大更是将生态文明建设纳入"五位一体"总体布局，与经济建设、政治建设、文化建设、社会建设并列，将生态文明建设的地位提升到前所未有的高度，并将其与建设中国特色社会主义紧密联系起来。

2010年，中日公益伙伴在上海举办了首个以"自然学校"为主题的工作坊；同期，自然之友组织翻译了美国作家理查德·洛夫的《林间最后的小孩：拯救自然缺失症儿童》，该书在国内引起了广泛关注和反思。2012年，环境保护部和教育部联合推动中小学环境教育社会实践基地建设，这在一定程度上促进了中国自然教育的兴起和发展，并带动了"自然学校"项目的推广。2013年，上海绿洲生态保护交流中心发布了《城市中的孩子与自然亲密度调研报告》，报告显示在参与调查的1300多名儿童中，12.4%表现出"自然缺失症"倾向，如注意力不集中、情绪调节能力和环境适应能力差、对大自然缺乏好奇心。这份报告再次引发社会对"自然缺失症"的关注，以及对重建人与自然联系的重要性的认识。2014年，首届全国自然教育论坛在厦门举行，自此，其成为自然教育机构和从业人员交流学习的重要平台，每年举办一次。在中国自然教育的实践形式方面，早期的自然教育主要通过倡导民众热爱自然、与大自然和谐相处，以及在学龄前儿童和中小学生中通过课程教育和户外实践等方式进行。

2012年以来，中国的自然教育机构数量迅速增长，主要集中在北京、上海、广州等大城市，以中小型机构为主，工作领域聚焦于亲子、儿童的自然教育和自然体验。这些机构利用我国丰富的自然资源和广阔的自然教育场所，如森林公园、湿地公园、野生动物园等，开展各类自然教育活动。由于我国各类保护地的便捷性和可重复访问性，越来越多的城郊森林公园成为自然教育的首选场所。改革开放以来，中国的自然保护事业快速发展，建立了国家公园、自然保护区、风景名胜区、森林公园、地质公园、海洋公园等10多种类型的自然保护地，数量超过10000处，面积约占陆地国土面积的18%，基本覆盖了我国重要的自然遗产资源。这些保护地不仅保护了重要的生态系统、珍稀濒危物种和自然遗迹，也成为推进生态文明建设的重要载体，为开展自然教育活动提供了主要场所。

二、中国传统文化中的自然教育思想

儒家生态道德观蕴含着丰富的生态伦理思想，能为自然教育提供丰富的理论素材。儒家认为，人类社会天然地存在于自然环境之中，大自然是人类的衣食父母，人们衣、食、住、行、用的一切原料无不来源于自然界，人类本身就是自然环境的一部分。从这种认识出发，儒家有认识自然、敬畏自然，保护自然、适度利用自然、植树惠民、克己节制、生态教化、以人为本、天人相类、天人合一等生态意识。儒家传统的"天人合一""仁爱万物""贵和尚中"等生态思想以人与自然的关系为核心，着重论述了人与自然的和谐共生，其辩证的整体思维方式、浓厚的生态道德关怀、中庸的生态关系准则既丰富了自然教育的内容，又为自然教育提供了道德支撑和原则借鉴。儒家生态意识首先是建立在认识自然的基础上的，《周易·序卦传》写道："有天地，然后有万物；有万物，然后有男女。"《论语·阳货》写道："天何言哉？四时行焉，百物生焉。"这些言论都揭示了儒家对大自然规律的敬畏。敬畏自然是人们开展社会活动的前提和基本规则。将儒家传统的生态伦理思想融入自然教育，既有利于引导公众养成辩证的整体思维方式和浓郁的生态道德情怀，又有利于公众积极实践生态行为，更有利于提高公众自然教育的实效性。

道家的天道自然观的核心是人与自然的和谐统一。"天道自然，人道无为"表现在教育思想上就是教育目的"合于道"，读"自然之书"的自然知识观，无为抱朴的伦理道德思想。老子设想的理想世界里，万物是平等的，并因其自身属性所具有的独一无二价值，遵循合乎"道"的规律并表现出"自然"的生存发展状态，即"人法地，地法天，天法道，道法自然"。由于"道"是道家最高的哲学范畴，所以比较中肯地说，"道法自然"就是"道"自身使然。《道德经·七十七章》写道："天之道，损有余而补不足；人之道，则不然，损不足以奉有余。"张忆在《老子·白话今译》中解释这句话的意思时指出："自然界的一切现象都是既相互对立，又相互统一，体现着均衡合理的自然法则。"道家关注的焦点是自然的法则，重视研究人与自然的关系。老子相信，人与自然之间存在着一种天然的和谐，脱离自然的人是不能获得幸福的。这一点与我们今天强调改善人类的生态环境、走可持续发展的道路的思想有颇多相似之处。

三、中国自然教育面临的挑战

在宏观层面，相较于经济发展速度，法律法规的建设显得滞后，缺乏全局性的统筹规划。我国的自然教育事业起步较晚，且发展不均衡。许多自然保护地尚未开展自然教育活动，自然教育资源未能得到充分利用，自然教育机构与自然保护地之间的衔接也不够紧密。自然教育领域法律法规的缺失不仅导致自然教育发展不规范、不完善，还影响了社会对自然教育的认知度，以及与自然教育相关的保护地建设、社会经济行业和公益组织的发展，自然教育的公益性与商业性关系也未能得到妥善处理。因此，为了使自然教育在中国的发展更加全面、系统和快速，必须加快自然教育立法的步伐，引起公众的关注，并为自然教育的实施提供全方位的保障。目前，大多数人仍将自然教育视为一种休闲活动，未意识到它是塑造人格的重要教育过程。因此，需要在全社会范围内宣传和确立自然教育在人格塑造中的不可替代作用，通过在大自然中的体验，让绿色净化精神和心灵。在自然教育快速发展的8年里，市场力量发挥了关键作用，显示出自然教育的巨大市场潜力。市场带来了利益，而利益有利于驱动自然教育的持续发展。自然教育是人类的共同福祉，它在塑造当代人健康身心的同时，也为后代留下了宝贵的绿色遗产。然而，自然教育公益性与商业性关系的平衡机制尚不完善，这对教育目标与实现动力的协调发展产生了不利影响。因此，在"政府主导，多方合作"的理念下，需要建立多方参与的目标实现保障机制。自然教育缺乏科学理论和实践研究的支持。调查表明，自然教育对儿童发展的影响、公众对自然教育的意识和态度、自然教育项目评估方法等，是当前需要重点研究和探索的课题。

在微观层面，权威的行业标准和规范的缺乏限制了行业质量的基本保障和未来产业系统化的长期有序发展。应当在师资、市场、范畴、目标、评估等方面建立行业标准与规范。人才短缺成为自然教育发展的主要瓶颈。自然教育在国内的发展时间较短，不足以培养足够的专业人才。这可能与高校缺乏针对自然教育的人才培养机制、系统化和专业化的培训不足、从业人员素质参差不齐有关。因此，迫切需要建立专业化的人才支持系统，包括建立阶梯式人才培养机构、提供价格公道的优质培训、鼓励高校设立相关专业、完善人才激励制度、建设有效的人才交流平台等。政府的参与和推动有限，也使得自然教育难以获得广泛的社会认可和与体制内教育的融合。首先，应将自然教育纳入相关法律法规，明确各部门的职责；其次，应控制准入门槛，审慎发放牌照，并提供项目机会和资金支持，加强经费投入。平台化和日常化的合作与资源共享不足，限制了自然教育行业发展的效率和潜力。多方面因素导致行业内交流不足，主要因素是地区限制。建议建立行业资源开放网络平台，共享优质资源，共同培养人才，并成立行业协会等组织，构建行业资源共享的交流平台，提升合作效率。

尽管自然教育在我国尚未形成完整的理论体系，人们对自然教育的概念尚未形成统一认识，但从业者就自然教育的内涵已达成基本共识：一是自然教育的活动方式更注重参与体验，强调实践性和互动性，让教育自然而然发生；二是自然教育的内容更多围绕自然环境，把公众带到自然中去，向自然学习，汲取自然智慧；三是自然教育的目的是引导公众认知和欣赏自然、理解和认同自然、尊重并保护自然，实现人的自我发展以及人与自然的和谐发展。近年来，在政府机构和一些社会组织的推动下，中国的自然教育快速发展，各地自然教育机构数量快速增长，公众对自然教育的需求也与日俱增。党的二十大报告指出，"中国式现代化是人与自然和谐共生的现代化"，这为我国自然教育发展带来了崭新的机遇和广阔的舞台，自然教育正逐步迈向高质量发展的新阶段。

浙江农林大学优美的校园可作为优质的自然教育基地

第三章　自然教育方法

如果将前两章提到的各种自然教育比作菜肴，那么本章讲述的则是当我们面对丰富的自然教育"食材"时，应该如何将它们烹饪成一道道"美味佳肴"。换句话说，也就是当我们面对丰富多样的自然素材时，如何将它们变成有益而有趣的活动，进而打造公众感知自然之美的窗口。

本章采用了从"是什么"到"为什么"，再到"如何做"的逻辑，来梳理开展自然教育工作的具体内容和方法。内容上，从感知自然的自然体验、玩转自然的自然游戏，到学习自然的自然观察、留住自然的自然笔记，再到分享自然的自然解说。自然教育的终极目标是通过教育使人们的观念发生转变，进而自发产生守护自然的行动。由于自然教育的类型丰富多样，本章并不能穷尽所有内容，特别是那些对场域有特殊要求或对自然教育导师有特殊才能要求的情况。

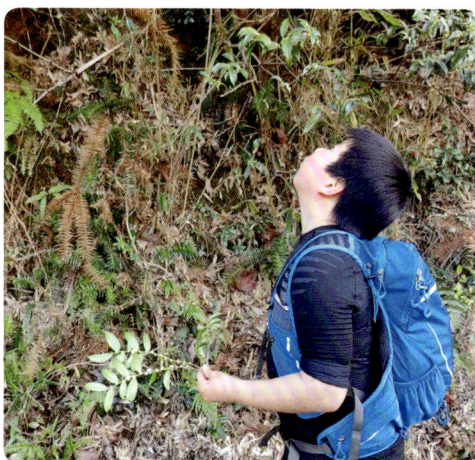

自然观察与自然笔记

第一节　自然体验

一、什么是自然体验

自然体验是一种体验自然的活动形式，人们通过在自然中的感官活动建立起人与自然的联结。它引导参与者充分调动自己的五种感觉，即视觉、触觉、听觉、嗅觉、味觉去体验大自然中深刻、微妙、令人喜悦又发人深省的现象，促使人对自然有更深层次的理解、思考和感受，进而在精神和心灵层面有所收获；同时，它起到放松身心、内省自身的作用。

自然体验并不以知识教学为主，而是强调通过和大自然的直接接触，对自然产生情感的联结，进而在与自然的互动中得到情感的升华。生态心理学认为人类心灵最深处和地球同心相系。因此，回归自然、放飞心灵会为体验者带来意想不到的感受和效果。对所有年龄段的自然教育对象来说，适时的自然体验可以使其身心愉悦、怡然自得。因此，自然体验也是自然教育活动中最常开展的活动形式之一。蕾切尔·卡森（Rachel Carson）在其《万物皆奇迹》（*The Sense of Wonder*）一书中强调："把儿童带入自然世界时，感受它远比了解它重要。"

二、为什么要自然体验

中国台湾著名的自然教育家徐仁修先生曾说："人类大约有十几万年的时光生活在大自然里。因此，在我们身体里的亿万个细胞，留存着这份远古时期于自然中所领受的许多记忆。一份来自自然荒野的乡愁，深深流淌在我们的血液和细胞中，当我们置身于自然之时，总会有一种无以名状的特殊感情……在都市水泥森林中出生的儿童，从小便过着眼不见青山、鼻不闻草香、脚不沾泥土的生活，以至于他们的灵性、想象力、生命力，都得不到大自然的滋养而变得缺乏欣赏力、想象力和创造力。"

《荀子·儒效》写道："不闻不若闻之，闻之不若见之，见之不若知之，知之不若行之，学至于行之而止矣。"意思是，无法听到的不如听到的，听到的不如见到的，见到的不如了解到的，了解到的不如可实行的。学问到了能够实行的程度就达到了极点。陆游同样有诗云："纸上得来终觉浅，绝知此事要躬行。"这些用来形容自然教育、强调自然体验的重要性再合适不过了。

城市化进程导致越来越多的人对自然缺乏感知，对身边的常见物种缺乏了解，四体虽勤，但"五谷不分"，把麦苗当韭菜的现象比以往更为严重。中国有句俗话："没吃过猪肉，还没有见过猪跑吗？"常用来比喻虽然没有亲身经历过某件事情，但是也听说过、见识过，对其有所了解。现在的事实却是，很多儿童"天天吃猪肉，却真的没有见过猪跑"，甚至有的儿童以为鸡蛋、白菜、猪肉都是从超市里生产出来的，不知道它们与土地的关系，更不懂土地的重要性。

沉浸在自然体验中

自然教育强调从纸上谈兵到实践出真知，从室内走到户外，把书本的知识外化为在大自然中的亲身经历、实践与体验。而在这个过程中，自然体验成为其中重要的途径之一。

🌲 三、如何开展自然体验

（一）选择适当的时间和地点

在设计自然体验活动时，需要考虑活动的时间和地点。美丽、舒适的自然环境，能让人更好地感受大自然的美好，与自然之间产生印象深刻的联结。

自然体验的时间最好选择在清晨或傍晚，此时的天气最为舒适，清晨的空气更为清新，傍晚的天气更为凉爽。温度适宜的环境，更容易让人的心境放松，获得更好的体验效果。如果天气太闷热或太潮湿、太冷，都会让人的体验感变差。这时，可以考虑寻找森林里比较阴凉的大树底下或者通风良好的开阔平地开展活动。自然体验的地点选择上，优先考虑景色优美的地方或物种丰富或特别的生境来开展。自然体验活动常常和其他活动一起开展。比如，在进行了自然徒步或自然观察等一段比较辛苦的活动之后，可以选择在途中一个环境好的地方，插入一些自然体验活动，让大家安静地坐下来，闭上眼睛，调整呼吸，注重身体在自然中的实时感觉，让自己达到身心的全面放松；如果周围的生态比较好，自然的声音比较丰富，可以再穿插一个"数声音"的游戏。让孩子们坐在自然环境中，如森林里、草地上或公园内。双手握拳举向空中，每听到一种声音，就伸出一根手指。可以比一比谁先伸出十根手指，或者在规定时间内看谁听到的声音多，伸出的手指多。

（二）体验自然的不同主题与内容

自然体验需要体验到真实的大自然，可以是自然之美，也可以是自然之殇。自然体验更多的是让人体验和感受到大自然的美好、丰富与神奇，从而建立人与自然更深层次的联结。活动主题和内容可以多元化，可以是体验大自然的美丽风景或特殊的生态景观，比如，雪山冰川的壮美、流石滩上野花的绽放；也可以是体验自然界中丰富的生物多样性或者少见的自然现象，比如，万千候鸟的迁徙、夜晚无数的萤火虫；还可以是体验大自然的真实，比如，在自然教育活动中偶遇小雨，也可以不打伞，走进自然去体验和感受雨滴滴在皮肤上的感觉，领略大自然最真实的状态。

（三）运用五感的体验形式开展活动

自然体验强调身心灵在自然中的感受，并建立人与自然的联结，这种感受需要充分运用五感和心去实现。因此，在活动设计的过程中，要尽可能地考虑所接触到的自然事物的特性，进而采用不同的感官去体会。五感体验既可以单独使用，也可以和自然观察、自然游戏等活动结合使用。

1. 视觉体验

视觉是人类最常用的感官，但人们对于自然所传递出来的信息都常视而不见。学会"看"，也是一种重要的自然体验学习。

大自然常通过颜色传递着各种不同的信息。许多植物通过绽放不同颜色的花来吸引不同的昆虫为自己传播花粉。种子成熟的时候，果皮就变成容易被看见的颜色，由绿色转成红色、黄色、紫色等颜色。这是果实传递出的信息——我已经成熟了，欢迎来吃。有些动物如中华白海豚，其成年个体与幼年个体会有不同的颜色，这也是个体成熟并已准备好繁育后代的信号之一。走进大自然，运用视觉器官，可以看到大自然的美丽与缤纷，可以认识自然万物。

在自然体验活动中，视觉体验通常和自然观察结合使用。例如，寻找同一种植物不同颜色的叶片，按照成熟程度进行排序，进而感受生命的历程；把某个区域中的叶片、种子等自然物搜集在一起，让参与者在短时间内进行观察后到自然中去寻找相同或相似的物种。

色彩丰富的植物

2. 听觉体验

大自然中存在着各种各样的声音，有风的声音、水流的声音，还有动物求偶时的鸣叫、遇到天敌时发出的"警告"。声音是许多生物传递信息方式之一。我们运用听觉器官，便可以接收到这些自然的信息。在森林里寻找动物时，听声音是一种常用的方法。比如，听到青蛙的叫声，可以辨识出这是什么背蛙；听到鸟儿的鸣叫，可以辨识出这是什么鸟儿。与自然相处的时间长了，便可以通过不同的声音来寻找不同的生物。

在自然体验活动中，听觉体验是仅次于视觉体验的一种常用方式。在大自然中找一个安静的地方，静静聆听自然的声音，如鸟鸣、流水声、风吹树叶的声音。有时候可以听到人造物的声音，如汽车的喇叭声、飞过飞机头顶时的轰鸣等，这些可以在反思环节用来引导参与者思考人类和自然的关系。在探洞活动中，可以让参与者在洞穴深处关闭头灯，静静地倾听岩壁上滴水的声音和自己或同伴的呼吸声；在夜游活动时，在某个环节关闭手电筒，让参与者倾听猫头鹰的叫声、螽斯等鸣虫的声音。这些特殊环境中的听觉体验往往让人印象深刻。

3. 嗅觉体验

大自然中的许多生物都有独特的气味，有的香气扑鼻，有的臭气熏天，有的气味特殊。这些味道来自它们释放出的"化学分子"。嗅觉器官灵敏的动物可以通过嗅觉来接收信息，分辨出气味的来源和差异。

在嗅觉体验类活动中，可以鼓励参与者感受不同气味的植物，比如，闻一闻有特殊气味的樟、蕺菜、鸡矢藤等植物的叶子，通过嗅闻分辨薄荷、茅草、迷迭香等有不同气味的香料植物。这样的体验过程，能加深参与者对植物的认识。

4. 味觉体验

有的植物会产生甜甜的花蜜来吸引蝴蝶、蜜蜂等帮助自己传粉；有的植物会长出诱人的果实吸引鸟类等动物帮忙传播种子；有的植物通过体内苦涩的汁液让动物避而远之，避免被啃食。

人类的味蕾可以分辨出酸、甜、苦、辣、咸、涩、鲜等不同的味道。在自然体验活动中，可以设计一些通过味觉认识植物的活动。比如，品尝可食用的果实，如桑葚、悬钩子等；品尝花蜜，感受植物利用花蜜吸引蜜蜂、蝴蝶传粉的智慧。需要注意的是，在野外品尝植物存在一定的安全风险。因此，并不鼓励随意使用这种方法，除非对植物十分了解，且能百分百保证食用物的安全性。在一些研学旅行的课程中，往往会安排品尝当地特色美食的环节，这可以看作味觉体验的另一种方式，这种方式深受各个年龄层参与者的喜爱。

5. 触觉体验

我们的皮肤表面布满了触觉神经，尤其手指处的分布最密，感觉也最灵敏。靠着手指的碰触，可以感受到所碰触物体的形态、温度、粗细、软硬、厚薄、钝锐、凹凸等，以帮助参与者分辨大自然中的不同生物。对这些触感的描述，只要参与者实际触摸过一次，便会明白，并留下难忘的记忆。

在自然体验中，触觉体验——通过触觉感官直接触摸并感受不同的生物的存在，是一种非常重要且常用的体验形式。比如，邀请参与者抚摸光滑或粗糙的树皮、树叶，特征明显的种子或其他自然物，再让他们按照触觉感受对自然物进行归类；让参与者蒙上眼睛，在不同质地的地面如草地、水泥路、石子路等上面光脚行走，以进行分辨。触觉体验有时候可以设计得更为灵活，比如，为活泼、好动且喜欢一定冒险的儿童设计滚草坡活动；而有的时候，触觉体验也可以很简单纯粹，如只是微风拂面也能让人感受到自然的美好。

通过触觉认识大自然

触觉体验可以鼓励参与者和一些没有危险的小生物进行直接接触，以增加儿童与自然生命的联结，甚至还可以改变儿童对一些生物原有的恐惧感。在接触的过程中，儿童可以更深刻地直接感受到这些小生命的可爱，然后发现自己原有的"恐惧"原来是来自对它们的不了解。在野外开展自然体验与自然观察活动时，如果导师发现有儿童对竹节虫、螳螂、小青蛙等无毒无害的小生物感到恐惧时，可以尝试着把这些小生命慢慢地"请"上自己的手，让儿童慢慢地靠近观察，以降低他们对这些生物的恐惧感。在条件允许的情况下，可以让儿童真实地触摸和感受这些小生命，并与之产生联结，再心怀感恩地把它们放回到原来的环境中去。如果开展这类活动，务必确保自然教育导师有正确的自然观、生命观，然后通过正确的言行及有趣的讲解来引导参与者。

6. 用心体验

自然体验不仅仅是通过五官去感受自然，更重要的是用心去体会自然带来的感动与启示。用心体验是一种深度的连接，它超越了感官的局限，触及心灵深处的情感与思考。

在自然体验活动中，用心体验可以与前面提到的五感体验相结合，让参与者在感受自然的同时，深入思考人与自然的关系，以及自然对人的心灵的滋养。

在自然中寻找内心的平静。找一个安静的角落，闭上眼睛，深呼吸，感受自然的节奏。让心灵沉浸在这片宁静之中，感受内心的平静与安宁。自然的宁静可以抚平内心的焦虑与不安，让我们重新找回内心的平衡。

与自然对话，倾听内心的声音。在自然中，我们可以与自然对话，倾听内心的声音。找一棵树，坐在它的旁边，用手轻轻触摸它的树皮，感受它的生命力。想象自己与这棵树之间进行对话，问问它经历了多少风雨，又见证了怎样的变迁。在这个过程中，我们不仅在倾听自然的声音，也在倾听自己内心的声音，感受生命的深度与广度。

用自然的力量激励自我。自然中蕴含着无尽的力量与智慧。观察一只蚂蚁如何搬运比自己身体大得多的食物，感受它的坚韧与毅力；观察一朵花如何在风雨中绽放，感受它的顽强与美丽。这些自然现象可以激励我们面对生活中的困难与挑战，让我们从中汲取力量，变得更加坚强。

在自然中寻找灵感与创造力。自然是一个充满灵感与创造力的世界。观察自然中的色彩、形状与纹理，可以激发我们的想象力与创造力。在自然体验活动中，可以鼓励参与者用自然元素进行创作，比如，用树叶、花瓣制作拼贴画，用树枝搭建小雕塑。通过这些活动，参与者不仅能够感受到自然的美丽，还能在创作中找到自己独特的表达方式。

感恩自然，培养敬畏之心。用心体验自然，还需要培养对自然的敬畏与感恩之心。每一次走进自然，都是一次感恩之旅。感谢大自然赋予我们的一切，从清新的空气到丰富的食物，从美丽的风景到生命的奇迹。通过培养感恩之心，我们可以更加珍惜自然，更加尊重生命，从而建立起人与自然的和谐关系。

用心体验自然，是一种深度的连接，是一次心灵的洗礼。通过用心去感受自然，我们不仅能够更好地认识自然，还能在自然中找到内心的平静与力量，建立起与自然的深厚联结。

20世纪初，自然研究运动的创始人利伯蒂·海德·贝利（Liberty Hyde Bailey）说："教育的最高境界是使人对生命具有感受力。"为了鼓励尊重生命的态度，我们需要从觉察开始，进而产生爱的同理心。感受到自己与活生生的生命之间有着共同联结，能使我们更加关切所有生命的福祉。日本著名的生态环境保护者田中正造说："河流的保护不在于河流，而在于人心。"

第二节　自然游戏

一、什么是自然游戏

自然游戏是一种活动形式，它依据预先设定的规则，通过在自然环境中进行有意识的玩耍，以竞争、挑战或模仿等方式展开，以增强参与者与自然之间的互动，并实现特定的学习目标。尽管部分自然游戏可能借助自然体验的形式完成，但它与自然体验的核心区别在于：自然游戏注重遵循事先约定的规则，通常以团队或个人任务的形式推进；而自然体验则更侧重于个人在自然中的主观感受，没有硬性要求。

二、为什么要自然游戏

在《深度自然游戏》（*Deep Nature Play*）一书中，约瑟夫·克奈尔（Joseph Cornell）引用了动物行为学家罗伯特·费根的观点："动物天性爱玩，许多哺乳动物和鸟类不仅会独自玩耍，还会与同类甚至不同物种的伙伴一起互动，通过玩耍探索世界并发现各种可能性。"自然教育活动形式丰富多样，而"玩游戏"一直是深受儿童喜爱的方式之一。在游戏中，孩子们能够获得最直接的体验，他们的身心、活力和创造力都被充分调动，并从中获得启发。

自然游戏为不同性格和年龄的人提供了一扇通往自然的大门，使他们更容易参与到自然互动和体验活动中。尤其是对于低龄儿童来说，游戏是自然教育的重要形式。自然游戏不仅能教会儿童许多知识（有些显而易见，有些潜移默化），还能激发他们走进自然的积极性，增强与自然互动的活力，培养他们乐观、坚强、独立、自信以及富有责任感的性格和品质。此外，自然游戏还能帮助儿童更好地理解特定概念，提高学习兴趣，集中注意力，增强体验感，从而促进他们从经验中学习。然而，不同的自然游戏应有不同的活动目标，不能仅仅为了游戏而游戏，否则会丧失其教育属性。

自然游戏可以将枯燥难懂的生态理论和生态知识，通过游戏的形式变得更具趣味性和参与性，让儿童和成人更容易理解生态理论和生态知识所表达的关系和背后的自然道理。例如，在讲解"物种多样性越丰富则生态系统越稳定"的逻辑时，可以通过"生命之网"游戏，让所有人参与进来，扮演不同的物种角色，用绳子拉在一起形成一个紧密的生命之网。随着环境的破坏和变化，一个物种接一个物种地消失和灭绝，这个紧密的网逐渐变得脆弱、不稳定，最终失去平衡。

自然游戏不仅能促进儿童与自然的互动，还能增强团队合作与亲子关系。例如，在"我的树"游戏中，家长与孩子通过相互配合，能够将日常生活中较为疏离的亲子关系变得更加融洽，从而增进彼此之间的情感连接。

在设计自然游戏活动时，通过运用不同类型的自然游戏，可以达成不同的活动目标。自然游戏通常可以分为以下几种类型：

（一）激发热情型

这类自然游戏一般安排在活动的起始阶段，主要目的是让那些彼此还不熟悉、尚未准备好深入自然的参与者们迅速热络起来，激发他们的参与热情。游戏过程充满活力，强调互动交流，能够让大家在欢乐和激情中放松身心，充分调动身体的各个部分。当游戏接近结束时，参与者往往会满怀期待地表达："太精彩了，我们迫不及待地想继续到自然中去探索！"

游戏案例1

指鼻子

"指鼻子"游戏特别适合作为探索自然的开场活动。参与者哪怕坐在椅子上，也会充满好奇，高度投入。"指鼻子"是一个猜谜游戏，从描述许多动物的一般性线索开始，随着游戏的发展，线索变得越来越具体，直到答案水落石出。

玩法：引导员读出某种动物的8条线索，参与者要猜出这种动物是什么。可是，如果有人喊出正确答案，就会破坏其他人玩这个游戏的乐趣。因此，猜到答案的人要把手指放在鼻尖上，发出无声的信号。引导员要告诉参与者，这个信号可以让其他人明白他知道答案了。每条线索都应该是真实的，但为了保持游戏的趣味性，有时有些线索可以带点儿误导性。如果参与者把手指放在鼻子上以后，发现自己猜错了，该如何是好呢？参与者可以把原来指在鼻尖上的手指，用来挠挠头或摸摸下巴，以此来掩饰自己的错误，假装手指从来没有放在鼻子上！（另一个有效的办法是轻轻咳嗽，然后用手捂住嘴。）参与者喜欢用夸张的方式掩盖自己发出的信号，他们装模作样的表演会增加游戏的趣味性。引导员要告诉参与者，当他读线索时，队员们可以小声讨论那可能是什么动物。但不要让大家都听到。即使听了几条线索后仍然不知道答案，也不用担心。这个游戏的设计初衷就是要让大家猜个不停！

（二）集中注意力型

通过指令请儿童安静10秒钟很容易，但是请他们安静10分钟呢？这恐怕就很难了。他们总是被大自然里各式各样的新事物吸引，又忍不住嚷着要告诉其他人。

通过自然游戏，引导参与者集中注意力，比如，专注地聆听、寻找、记录、走路。如果他们此时沉浸到游戏中，便会惊叹自己原来可以如此专注！在这之后，再请参与者进行直接观察或体验，就会产生一个较好的代入和连接。

游戏案例2

声音地图

玩这个游戏时，给参与者一支铅笔和一张纸。纸的中心画有一个"×"，代表参与者在声音地图上的位置。当参与者听到某种自然声音时，就在地图上画出来，仔细记下声音的方向和距离。静静地坐着，聆听附近树木、鸟儿和潺潺溪流发出的舒缓的声音，能让参与者平静下来，加深对周围生命的感知。这个阶段是为了培养专注力，无须持续很长时间，5～15分钟就足够了。

最先被记录的，可能是比较容易被听到和注意到的风声、流水声、鸟鸣声。接下来，可能有蟋蟀的鸣叫、树叶落地的声音、人的脚步声。再接下来，参与者会惊奇地发现，仅仅是鸟鸣声都有不同，有的清脆，有的高昂，还有的是一小群鸟儿在吵架！此时，他们可能发现声音地图上已记录了10种以上的声音！

在游戏结束前，可以请他们分享自己记录的声音分别是由什么东西发出来的。然后，大家一起去查看是不是那么回事。要注意，水流拍打在大石头和小石头上的声音都不一样呢！这个听觉的游戏，可以很快让大家安静下来，集中自己的注意力，方便之后一些需要更投入精力的自然教育活动的开展。

游戏案例3

伪装步道

玩"伪装步道"游戏时，引导员需要在小径上放置一些人造物品，让参与者数数他们能找出多少。有些物品应该被放置在容易看到的地方，而另一些（如生锈的钉子或衣夹）被放置的时候应该注意让它们与自然环境融为一体。

在寻找的过程中，参与者会发现，有些东西的颜色与环境相似，很难被发现；有些东西的纹路看起来很不友好，并且与环境颜色形成巨大的反差。此时，他们也许会怀疑一下：这个确定是模型吗，不会真的是有毒的虫子吧？

　　游戏最后，可以让参与者对比一下各自找到的物品，一起分享：哪些最容易被找到，哪些一个都没被发现？说明：虽然物品是人为放进去的，但有些物品也是原本就存在于自然中的。

伪装步道游戏

游戏案例4

木棍游戏

　　木棍游戏的参与者们将在运动游戏中锻炼反应速度，并将变得活跃起来。参与者人数最好在8人以上，参与者的年龄要求在4岁以上。活动时长在10分钟以上。每位参与者都需要手持一根长度约为1.5米的木棍。

　　要求参与者分成两组，每组各站成一排。组内成员两两合作，抬着木棍稳步向前，做小小搬运工，不让中间的木棍掉落。两小组比赛，考验小组成员间的协作能力与平衡感，哪个小组最先完成木棍运送工作将获胜。

木棍游戏

（三）直接体验型

这一类型的游戏通常与自然观察、自然体验和自然解说相结合。用游戏的方式，引导参与者去直接体验大自然。完成这一类游戏的时间通常也比较长，可以分为好几个体验模块。对于不同的体验对象，也可以设计多种形式的游戏。

游戏案例5

照相机

两人一组，一人扮演摄影师，一人扮演照相机。摄影师引导闭着眼睛的照相机去寻找美丽迷人的风景。摄影师轻拍照相机的肩膀两下，就代表要拍照了，照相机就打开"镜头"（眼睛），持续3~5秒。从闭眼不见到突然看见之间的巨大反差，使"照片"具有震撼的效果。玩过的人经常说，他们多年后还记得"照片"里的情景。

这个游戏特别适合亲子互动。父母在被蒙上眼睛的时候，需要特别信任自己的孩子。这样有助于增进亲子关系，同时也让亲子通过游戏感受到信任彼此的感觉。

游戏案例6

夜间游览

在黑暗中走路，本身就是一种特别的体验。参与者不仅要克服心理上的恐惧，还要在视觉受限的情况下充分调动自己的听觉。一些我们在白天习以为常的声音，例如，风吹树叶的沙沙声，也突然被放大了。

邀请参与者在夜晚观察一次大自然，告诉他们留意脚下的路面，可能还有其他在夜游的小动物。这样的夜晚，许多白天不敢出门的动物们更加活跃了。引导参与者倾听蠡斯的声音。夜里还有睡觉的鸟儿，引导参与者通过观察地面上聚集的粪便以寻找附近树枝上正在睡觉的鸟儿。注意保持安静。

在保证安全的前提下，夜间游览发现和探索的过程就像是一个探秘游戏。这也是我们的祖先们在远古时代走进黑夜中的自然的真实体验。

游戏最后，可以让参与者展示各自的变身装扮，一起讨论：哪些装扮最能与自然融为一体，哪些装扮最引人注目？然后可以继续追问他们：有哪些元素并不适合出现在这个自然环境？我们应该如何平衡自然美与人为创新？

（四）分享与启发型

很多自然教育活动的尾声通常会设计一个分享环节。这一类型的游戏并不是对某一环节的总结回顾，它本身就是一个完整的游戏，通过分享的方式把参与者在大自然中的感悟用特别的方式表达出来。表达的方式是多样的，可以是语言、文字、图画、艺术创作、诗歌、戏剧等。通过这类游戏，参与者的感受往往会得到升华。

游戏案例7

折纸诗

折纸诗是指所有参与者在同一张纸上集体创作一首诗。这是一种分享和总结感想的方式。

在进行集体创作时，由第一个人在纸上写下第一句诗，然后传给第二个人；第二个人接着第一句诗后面写下第二句诗，然后将第一句诗折叠隐藏起来，传给第三个人。第三个人只能看到第二个人写的诗句，并接着第二句诗写下第三句，然后将前两句折叠隐藏起来，传给第四个人。以此类推，直到所有参与者均参与后，完成全诗。创作完成后，可邀请大家一起朗读这首诗。

在活动的尾声，通常会设计一个分享与启发的环节。此时，邀请参与者分享他们在整个活动过程中产生的感想、体会与启发，引导者在最后可以对本次活动进行回顾和总结。

在分享与启发环节，参与者的感受往往会得到升华。值得注意的是，引导者此时应以倾听、鼓励、引导为主，不要评分与评论，除非是诗作在科学知识上出现了错误。

游戏案例8

一封写给大地母亲的信

在引导参与者观察到大自然被破坏的行为、现象后，邀请大家就此刻的体会和感想给大地母亲写一封信，表达心中最真实的想法。然后，把参与者分成2～3人的小组，在组内分享。

同样的信，还可以写给200年以后的后代或100年前的祖先，也可以写给森林里一棵与参与者同岁的树或一条奔腾的河流。

自然游戏的种类和使用场景绝不限于上面描述的这些，许多游戏还可以根据课程需求进行改编。

🌿三、如何开展自然游戏

自然游戏的种类丰富多样，每种游戏都能带来不同的体验和收获。有些游戏营造出宁静、沉思的氛围，让参与者沉浸其中；有些游戏通过游戏化的方式展现复杂的自然规律，帮助参与者更轻松地理解并记忆；有些游戏则通过细腻的情感体验，让参与者与自然的特性产生共鸣；还有一些游戏纯粹是为了好玩，让孩子们的童心和热情自然流露，也唤起成年人童年的美好回忆。著名的自然教育家约瑟夫·克奈尔通过游戏的方式，带领儿童走进大自然，体验自然之美，分享自然的乐趣。他将多年积累的自然游戏编写成《与共享自然》（*Sharing Nature With Children*）一书，书中每个游戏都设计了特定的情境和体验形式。大家可以根据实际情况对游戏进行改编，但须确保达到活动目标和效果，同时特别注意游戏中的安全问题。

应结合实际的自然环境、参与者的特征和需求以及活动目标，设计出适宜的自然游戏，让参与者在"玩耍"中感悟生命，有所收获和成长。通过游戏培养参与者的专注力、想象力和创造力，激发他们的好奇心。为了实现自然教育的目标，在开展自然游戏时，需要注意以下几个方面：

（一）明确活动目标

自然教育的从业者们必须认识到，每一个自然游戏都应有其明确的教育目的。当一系列自然游戏和体验活动组合成一场完整的自然教育活动时，每个游戏的目标都应紧密围绕整体活动目标展开，而不是单纯为了活动而活动。

以国内广泛开展的"自然名"游戏为例。该游戏要求参与者根据自己的喜好，为自己取一个与自然相关的别名，这个别名将在整个活动期间作为他的代号。然而，许多从业者并未真正理解这个游戏的初衷，只是机械地模仿，要求参与者在活动开始时取一个自然名，但在后续活动中并未将其有效运用。

"自然名"游戏的设计初衷远不止于让参与者取一个与自然相关的名字。从自然教育的角度来看，它具有以下几个方面的重要作用：

促进相互熟悉：由于汉字存在大量同音字，人名变得越来越复杂，参与者往往难以记住彼此的名字。而在取自然名时，大家通常会选择自己熟悉的自然物或现象，这样便于记忆，能快速拉近参与者之间的距离。

反映个性与特征：自然名往往与个人的经历和爱好紧密联系，能够体现其个性和身体特征。通过自然名，参与者可以向他人展示自己的独特之处，增进彼此的了解。

强化自然联系："自然名"游戏鼓励参与者主动思考自己与自然的关系，回忆过去的自然体验，并在后续活动中不断强化这种联系。一旦拥有了自然名，参与者通常会主动去探索与自然名相关的知识，以及它与其他事物之间的联系。

因此，"自然名"游戏的核心目标是引导参与者积极思考自己与自然的关系，通过持续使用自然名，加深对这种关系的理解，从而增强参与者与自然的紧密联系与互动。

当然，也有一些自然游戏本身可能并没有明确的教育目标。例如，有些游戏只是为了在活动中消除团队成员之间的陌生感，活跃团队的氛围；有些游戏则是为了增加自然观察的趣味性。无论游戏的目标是什么，组织者都需要充分理解和掌握每个游戏的目标，并将其设计成一个循序渐进的过程，而不是让参与者感觉这些游戏体验活动杂乱无章，只是为了游戏而游戏。因此，最好在每个游戏结束时进行简单的总结和分享，甚至回顾一下与前一个游戏之间的联系，让参与者明白这些体验活动都是经过精心设计的，从而获得更好的体验。

（二）明确游戏规则

为了确保游戏的顺利开展，往往需要制定一定的游戏规则，且游戏规则应该尽量简单明了，便于理解。在开展活动时，即使有参与者一时无法理解规则，也尽量不要花费太多时间在重复解释规则上，可以通过尝试性地开展游戏，让他们在玩耍的过程中慢慢理解。

"蝙蝠与飞蛾"是《共享自然》（*Sharing Nature With Children*）中的自然游戏之一。这个游戏设计初衷是希望通过游戏，让儿童理解蝙蝠与飞蛾之间的捕食关系，了解蝙蝠是如何在夜晚依靠超声波来辨别飞蛾的方位以帮助自己捕食的生态知识。引导者应阐述完这个生态关系之后，制定并公布清晰的游戏规则和指南。首先，在人数配比上，"蝙蝠"的数量根据人数通常设定为1～2个，而"飞蛾"数量应比"蝙蝠"多。活动开始的时候，被选出来的"蝙蝠"需要蒙上眼睛，"飞蛾"则在中间，其他参与者则围成一个更大的圆圈作为活动的"篱笆"边界线，或用绳子围出活动边界线。

接着，"蝙蝠"开始模拟超声波的定位。当"蝙蝠"喊出"蝙蝠"一词，"飞蛾"必须立刻回应"飞蛾"一词，然后"飞蛾"定在原地不能移动，"蝙蝠"便依靠回应的声音去抓"飞蛾"。在实际情况中，有些扮飞蛾的参与者由于紧张或不想被抓住，不作任何回应，导致"蝙蝠"迟迟抓不住"飞蛾"。这些参与者打破了游戏规则，影响

蝙蝠与飞蛾游戏

了游戏的顺利进行。这时候，需要灵活处理，除了提醒他们遵守规则外，其实还可以修改规则。比如，可以要求周围扮演"篱笆"的参与者往中间走一步，缩小范围，帮助"蝙蝠"抓住"飞蛾"。

此外，游戏规则的制定应尽量明确，以避免引起争议，特别是关于时间、数字等的规定需要清楚明了。

（三）引入适当的竞争机制

适当的竞争能够有效激发参与者的积极性，这种竞争既可以是个人之间的，也可以是团队之间的。竞争性的活动不仅有助于提升个人能力，还能锻炼团队的协作与合作能力。有些团体游戏只有大家一起参与才会更有趣，而且参与者越多，游戏的乐趣就越大。

以植物认知活动为例。在传统的植物认知活动中，通常是自然教育导师向参与者讲解植物知识。然而，这种方式对于儿童来说往往显得枯燥乏味，由于缺乏内在动力，活动效果往往难以达到预期目标。但如果在讲解过程中加入自然游戏，并引入竞争机制，会极大地提高他们的学习动力。

活动组织者可以提前对活动区域进行考察，挑选出一些具有特色的植物，并制作活动地图。在活动中，将参与者分成几个小组，要求他们在规定时间内找到

地图上标记的植物并返回起点，最先完成的小组获胜。为了避免参与者只关注任务完成而忽略对植物的认知，可以要求他们完成一些附加任务，例如，记录植物的特征、绘制植物细节、观察植物上是否有昆虫等。最后，通过小组成果分享和问答环节来检验活动效果。实践证明，这种竞争机制的引入能够显著提升参与者的学习兴趣和学习效果。

然而，需要注意的是，引入竞争机制时要避免过度竞争。过度强调竞争可能导致参与者过于关注结果，而忽视活动过程中更有价值的部分，甚至可能阻碍活动的顺利进行，不利于活动目标的实现。因此，在活动过程中或分享环节，需要适时地向参与者解释活动设计的初衷和意义。

小组协作类的自然游戏

（四）适时调整游戏难度

自然游戏往往具有一定的挑战性，需要参与者投入一定的精力才能完成。然而，如果游戏难度过高，可能让参与者感到挫败；而如果游戏过于简单，又容易让参与者觉得乏味。因此，在设计自然游戏时，需要根据参与者的年龄、认知水平以及活动的具体条件等因素，灵活调整游戏的难度。自然游戏的核心目标是帮助参与者更好地理解自然，而不是让他们感到困惑或受挫。在设计游戏的强度时，应充分考虑参与者的承受能力，确保游戏难度适中。如果发现游戏难度与参与者的实际情况不匹配，应及时进行调整。例如，在"我的树"游戏中，如果所处环境中的树木种类较少，或参与者的年龄较大，可以通过增加转圈的次数，让参与者在摸完树后尽量远离树再摘下蒙眼布来辨认等方式，适当提高游戏的难度。反之，如果游戏难度过高，则需要相应地简化规则或降低难度。

（五）确保环境安全

在组织自然游戏时，由于游戏中常常包含奔跑、追逐等环节，因此必须高度重视活动场地的安全性。对于那些对活动空间要求不高的游戏，建议选择在平整的草地或木质平台上进行，确保地面没有突出的石头或树枝，避免参与者因意外跌倒而受伤。此外，如果游戏中需要使用纸和铅笔，应特别注意不要让参与者，尤其是儿童，在奔跑时手持铅笔，以防他们意外戳伤自己。可以提醒他们在活动前放下铅笔，或在需要使用时再分发铅笔。对于涉及身体接触的游戏，更要严格避免参与者之间出现推搡等危险行为。

总的来说，自然游戏是一种广受欢迎的自然教育活动形式。如果能够合理运用，它将极大地激发参与者的兴趣，从而有效推动自然教育目标的实现。

第三节　自然观察

🌿 一、什么是自然观察

　　在自然环境中，探索自然物、非自然物以及它们之间的联系，并将这些发现记录下来，就是自然观察。自然教育领域的知名专家徐仁修先生也曾提到："大自然始终在向我们传递信息，只要我们用心留意，通过观察就能解锁这些有趣的自然密码，解读它们背后的意义，这便是自然观察的真谛。"从某种意义上来说，用眼睛去"看"是一种"观"，而用心去"感受"则是一种"察"。在自然观察的过程中，我们不能仅仅依赖视觉，而是要调动全身的感官去感知和体验。

　　自然观察是自然教育中极为重要的实践方式，它通过亲身实践帮助人们积累丰富的自然经验。与传统的阅读书籍或聆听讲座相比，这种亲身体验的方式往往能给人留下更深刻的印象。在自然观察的过程中，如果能够发现一些奇特的物种或特殊的自然现象，不仅会让个人对自然有更深刻且难忘的认识，还会激发他们对自然的进一步兴趣，进而产生更多可以分享的自然故事。

🌿 二、为什么要自然观察

　　自然观察是帮助人们深入了解自然、认识自然、学习自然的关键方式。随着自然观察时间的延长，人们对生物物种的了解不断积累，进而能够更深入地洞察物种之间以及物种与环境之间的复杂关系。这种深度的了解，最终会让人领悟到尊重生命、善待自然的真正意义。自然观察活动不仅能引导大众轻松地走进大自然，还能通过其专注性让人们学会欣赏大自然的美，通过激发想象力让人们领悟大自然的奥妙与智慧。

　　对于大多数人而言，参加自然教育活动的一个重要目的就是通过更多的探索了解和认识自然。而自然观察无疑是探索自然过程中不可或缺的重要手段。它不仅能增加活动的趣味性，还能让参与者发现自然的神奇与奥秘。此外，自然观察活动还能有效培养参与者的专注力。因为在自然环境中，大多数生物都具有保护色，发现并找到它们并非易事。有趣的是，成年人在自然中行走时，往往容易忽略周围的各种生物，而孩子们却常常能够轻松地发现这些生物的存在。

🌳 三、如何开展自然观察

　　很多人误以为自然观察仅仅是去观察各种自然生物，如植物、昆虫、鸟类等，其实这种理解过于片面。自然观察的核心并不在于记住所有物种的名字，而是引导人们去欣赏大自然的神奇与壮美，感受昼夜交替和四季更迭带来的变化。在自然观察的过程中，我们会发现叶片的颜色和形状各异，蝴蝶舞姿轻盈且花纹美丽；我们还能听到各种虫鸣鸟叫，分辨出花香和果味。更重要的是，通过观察，我们可以了解生物之间以及生物与环境之间的故事和关系，理解整个生态系统运行的规律，进而重新思考人类在自然中的地位以及人类与其他物种的关系。

通过自然观察看到不一样的世界

最简单的自然观察方式就是就近观察。可以选择的地点包括校园、社区、公园、池塘、溪流等任何容易到达的自然生境。

从活动范围的广度来看，不同的地域、海拔和生态系统可以让自然观察的视野更加开阔。在不同的地方进行自然观察，由于生境的差异，观察到的内容也大不相同。从活动的深度来看，不同的时间、气候、季节和月份，能让自然观察更加深入。即使在同一个地方，一年四季、阴晴雨雪、早晚的景象都有所不同，因此在不同时间进行自然观察，会有不同的收获。这就是自然观察的独特魅力。

（一）自然观察的准备

无论是独自开展自然观察，还是参与自然观察团体活动，都需要提前做好充分的准备。在服装方面，建议选择长衣长裤，避免穿着过于鲜艳的颜色，而应挑选与自然环境相融合的色调。鞋子则推荐舒适的徒步鞋，以确保长时间行走的舒适性。此外，还需要准备帽子、背包、雨具、水壶等基本用品，以及一些自然观察的辅助工具，如笔记本、放大镜、望远镜、图鉴、相机和观察盒等。

（二）自然观察的态度

在自然观察中，态度至关重要。踏入自然，应当放慢脚步，多停留片刻，避免匆忙赶路。实际上，走得越快，往往错过的东西越多；而放慢速度，反而能收获更多惊喜。此外，自然观察者需要具备敏锐的观察力、专注的注意力、强烈的好奇心、丰富的想象力、坚定的耐心，以及尊重生命的同情心。

（三）自然观察的内容

自然观察到底应该观察什么呢？其实，自然观察的主要对象是大自然的各个方面，涵盖了自然景观与地质、生态系统、物种以及自然现象等。在进行自然观察时，可以从"点""线""面"三个角度展开。

从"点"的角度来看，自然观察主要聚焦于单一物种，例如，观察某物种生命周期（包括出生、成长、衰老和死亡）以及生存需求（如生存环境、食物来源等）；从"线"的角度，自然观察关注的是物种之间的关系，如共生、寄生、附生，以及合作或竞争关系；而从"面"的角度，自然观察则侧重于物种在生态系统中的位置和作用，以及它们与周围环境的互动关系。

（四）自然观察的注意事项

自然观察活动不应局限于"寻找物种"，经验丰富的自然教育者会设计多种多样的观察形式。为了更好地开展自然观察，需要注意以下几点：

1.培养观察力

在自然观察中，应引导参与者有意识地培养观察力，如专注力和敏锐度。例如，观察一棵树时，可以从多个角度描述其特征，包括树皮颜色、树叶形状、花朵结构、树干上的生物痕迹、树根特点，以及它与周围环境的关系。还可以持续记录这棵树在不同季节的变化，如芽苞生长、吐芽展叶、叶片颜色变化、开花结果、果实成熟等，甚至观察有哪些动物依赖这棵树生存。

以樟树为例，观察其树叶的"离基三出脉"特点、叶片腺点功能，寻找樟青凤蝶的卵，了解寄生关系，观察鸟类摄食果实的行为，理解种子传播策略，以及寻找蚂蚁、天牛、刺蛾茧等，体会生态系统中物种的依存关系。

2.学习观察方式

观察单一物种的特征比观察多个物种更易于上手，也更适合低龄儿童。制作自然观察学习卡是一种有效方法，例如，在规定时间内寻找具有特定特征的自然物，可以是有三种颜色的树叶、最坚硬的物品、最柔软的东西、被虫咬过的树叶等。还可以通过比较落叶的特征，如大小、颜色、虫洞数量、气味等，培养儿童的观察力。

在观察过程中，参与者会逐渐对某些物种产生兴趣，进而成为植物爱好者、昆虫迷或观鸟爱好者。

3.合理设计观察现场

自然观察不必局限于物种丰富的地区，也不必完全"靠天吃饭"，可以根据活动目的进行设计。例如，为了理解昆虫的伪装能力，可以在小径两侧放置昆虫模型，让参与者寻找；或者将豪猪刺、鸟羽毛等自然物布置在场地中，营造惊喜氛围，但须确保这些自然物符合当地生态和物种行为特点，避免"伪造"自然现象。

4.注重观察行为

在自然观察中，应关注动物伦理和道德问题。不提倡采摘树叶、捕捉昆虫、抚摸动物等行为，除非有特殊需要。应欣赏野生动植物的自然状态，不野采、不饲养捕捉的昆虫，观察后应原地放飞，避免干扰和伤害野生动植物。

观鸟时，不应驱赶鸟类或靠近筑巢鸟类，以免惊扰它们。在野外遇到野生动物，应保持安全距离，避免接触，防止感染病菌或伤害动物。

5.遇到不认识的物种怎么办？

在自然观察中，参与者常会问"这是什么？"。对于不认识的物种，可以通过记录特征、查找图鉴或咨询专业人士来鉴定，也可以持续观察和记录，深入了解该物种。

（五）常见的自然观察活动

1.定点观察

定点观察是指选择一个区域（如一棵树、一条河流、一个小区、一片湿地、一条步道、一座森林、一片野地等）或一个自然物种（如植物的生长过程、鸟类的繁殖过程等），持续观察其在一段时间内的变化。随着观察的深入，参与者会熟悉该区域的物种多样性，了解树木开花、蝉鸣、鸟类育雏等自然规律，敏锐感知环境变化。

2.夜间观察

夜间观察是当前国内受欢迎的自然观察形式之一。组织夜间观察时，须特别注意活动行为，如低龄儿童使用手电筒的安全问题。夜间观察的重点是白天难以观察到的现象，应减少对手电筒的依赖，更多地利用听觉、触觉、嗅觉等感官进行体验。同时，须注意安全，避免发生跌倒或被蛇类咬伤等意外。

夜间观察

3.观　鸟

观鸟是一种独特的自然观察活动，主要观察鸟类的种类和行为。观鸟工具包括双筒望远镜、鸟类图鉴和记录本。观鸟可以从身边的鸟类开始，如小区、校园、公园或植物园的鸟类。了解本地鸟类后，爱好者可前往外地或国外进行观鸟旅游。国内热门观鸟地点包括云南西双版纳、高黎贡山、德宏盈江，广西弄岗，河北北戴河，福建闽江口，江西鄱阳湖，海南尖峰岭，湖南洞庭湖，甘肃莲花山，四川唐家河和王朗，辽宁大连老铁山，等等。观鸟者通过分享记录，为监测中国鸟类分布作出了重要贡献。

借助设备进行自然观察

4.自然观察游戏

自然观察游戏与前面提到的自然游戏有所不同。自然游戏更注重通过体验来感受自然、理解自然，从而与大自然建立联系；而自然观察游戏则是以游戏的形式实现自然观察的目标。例如，"自然寻宝"游戏，自然教育导师会提前到活动场地进行踩点，记录下一些常见或容易找到的自然物的特征。之后，参与者可以分组或独自进行，在规定时间内，看谁最快找到所有这些自然物。这里需要注意的是，寻回的自然物必须是落在地面上的，不能进行现场采摘，以免对自然环境造成破坏。活动结束后，大家聚集在一起分享，看看每个小组或个人是否都找齐了。如果喜欢，可以通过拍照或绘画记录它们的特征，将这些自然物留在记忆中。最后，将所有找到的自然物安全地归还至大自然。

游戏案例9

自然寻宝

自然界的每一样东西都有它的用途与功能。即使是看起来并不怎样的东西，尝试与它们接触，用不同的角度和心情与它们做朋友，相信你一定会有意外的收获。找找看下面的这些宝贝：

自然寻宝记录卡

◎ 不同形状的落叶 ◎ 圆圆的东西

◎ 尖尖的东西 ◎ 美丽的东西

◎ 硬硬的东西 ◎ 能接收太阳能的东西

◎ 动物的痕迹 ◎ 颜色很多的东西

◎ 非常直的东西 ◎ 丑丑的东西

◎ 有羽毛的东西 ◎ 软软的东西

◎ 枯萎的东西 ◎ 没有用的自然物

◎ 会飞的东西 ◎ 重要的东西

◎ 带不走的东西 ◎ 白色的东西

◎ 会响的东西 ◎ 让人一看就喜欢的东西

以上所列的项目，仅供参考，可根据现场的实际情况进行调整或修改。

第四节　自然记录

一、什么是自然记录

　　自然记录是一种通过多样化的记录方式，将参与者在活动过程中对自然现象的观察结果，以及由此产生的理解、思考和感悟记录下来的活动。它不仅能够加深人与自然之间的联系，还能为自然教育活动提供宝贵的原始资料。自然记录的形式丰富多样，常见的包括自然笔记、生态摄影、绿地图、自然音乐、自然创作等。

猫薄荷的种植记录

🌿 二、为什么要进行自然记录

在自然教育活动中，自然记录可以进一步强化参与者对自然的理解，提升参与者在活动中的专注力；同时，让参与者沉淀所学习到的知识，增加活动的体验感和活动的产出。自然记录可以帮助参与者总结自己的发现，表达自己的感受，并将它们通过记录的形式呈现出来。这些自然记录，还可以和家人、朋友一同分享。自然记录的累积，也是个人自然经验成长的成果，甚至可以补充某些地方的物种记录。

对于自然教育机构而言，随着自然记录活动开展的次数越来越多，可以把这些记录进行整理，积累一段时间之后，举行自然记录展览。此举可以让更多的公众了解当地的自然生态，这是一件非常有意义和价值的事情。

🌿 三、如何进行自然记录

对于不同年龄的参与者而言，可以设计不同的记录形式。对低龄儿童来说，自然笔记、自然创作这类动手设计活动较为合适，可以发挥他们无限的创意。对于年龄大一些的儿童，还可以增加生态摄影、绿色地图、自然音乐等活动形式。

每一种自然记录方法，都可以写成一个详细的专题进行介绍，本书仅向大家介绍它们的基本概念和方法。对于不同的自然记录方法，读者可以通过其他材料进行深入学习。

（一）自然笔记

自然笔记是一种主要通过绘画来记录自然事物和现象的方法，目前，广泛运用于国内的自然教育领域。这种方式对材料的要求并不复杂，只需准备一支笔和一个笔记本即可开展。不过，为了使记录更加生动、效果更佳，建议参与者准备一套彩笔，以便为画作上色。

在开展自然笔记活动之前，建议参与者先在笔记本上记录自己的基本信息，如姓名或自然名、日期、时间、地点以及天气情况。接下来，引导他们选择一个自己喜欢的自然角落或特定的自然物进行观察。之后，他们可以通过绘画、写诗或其他艺术形式将观察到的内容记录在本子上，也可以采用图文结合的方式。如果能够配上简洁的文字描述阐述所绘对象，将

蜂鸟的自然笔记

使自然笔记更具吸引力。例如，在一幅描绘珠颈斑鸠的自然笔记作品中，加上"一只类似鸽子的鸟，脖子上有一圈白色斑点"的文字说明，就能清晰地突出其特征。

自然笔记的内容可以非常广泛，自然中的一切现象，甚至行走在自然中的心情，都可以成为记录的对象，如树叶、花朵、昆虫、土壤、鸟类、云朵、月亮等。最后，可以为这页自然笔记起一个名字，以表达其主题或核心思想。

如果参与者觉得单纯绘画难以突出自然物的特色，可以尝试以下方法来丰富自然笔记：

1.突出细节

观察自然物的细微之处，如掉落的羽毛、被虫咬过的树叶、正在传粉的昆虫等，并在画纸上将这些细节放大。

2.持续记录

对同一个自然物进行长期观察，记录其变化过程，如一朵花从含苞到凋落、鸟类从孵卵到育雏的全过程。

3.进行对比

对同一类自然物进行比较，如不同树叶的形状、不同树皮的纹理、院子里的蔬菜品种、常见的蝴蝶种类等。

4. 讲述故事

记录自然物之间的生态故事，如寄生蜂在毛毛虫身上的寄生行为、雄性翠鸟为雌性翠鸟献鱼的场景、正在盗蜜的昆虫等。适当阅读科普书籍，可以帮助我们更好地了解这些生态故事，从而丰富自然笔记的内容。

5. 记录思考

在记录自然物的同时，写下自己对这些现象的思考和感悟，如看到燕子育雏时联想到父母养育孩子的辛劳。

6. 提出问题

在做自然笔记时，多问几个"为什么"，并将这些问题记录下来，即使暂时没有答案也无妨。这有助于记录者加深对自然现象的理解。

独角仙自然记录

需要强调的是，自然笔记并非绘画比赛。虽然绘画技巧可以提升笔记的吸引力，但自然笔记更注重对自然的真实描绘，而非展示单纯的绘画技巧。有些参与者可能在网上寻找图片进行临摹，但这偏离了自然笔记的初衷，缺乏灵魂，也不是自然教育所倡导的行为。

自然笔记的价值在于坚持。如果能够像写日记一样，长期记录自然的变化，随着时间的推移，自然笔记的价值将越发凸显。

（二）生态摄影

摄影是自然教育中一种非常受欢迎的活动形式。在自然教育活动中，参与者常常一边观察自然，一边通过拍照记录下所见所感。有些参与者会将拍摄的照片用于自然笔记中，以记录观察细节；有些则用于物种记录，为后续研究或分享提供资料；还有一些参与者在拍照过程中，通过不同角度的拍摄，观察到拍摄对象的更多特征，从而将摄影作为一种辅助自然观察的手段。随着智能手机的普及和其拍照功能的不断提升，这种活动形式越发受到大众的喜爱。

生态摄影是以自然界的生物和景观为拍摄对象，旨在真实地呈现自然事物并记录自然故事的摄影创作，其目的是通过拍摄生态照片和影像资料，传达自然之美体现生态价值。

生态摄影可以从身边的自然环境开始，如小区绿地、校园或街心公园等。根据拍摄目标的不同，也可以前往城市公园、森林、湖泊、湿地或海岸等地进行拍摄。要拍出有表现力和感染力的生态摄影作品，需要理解并遵循四个核心内涵：美、真、善和创意。

生态摄影

1.美

美指的是作品的形式美感，即视觉上的吸引力。美的生态摄影作品能够吸引观众的目光，并让他们沉浸其中。

2.真

真实是生态摄影的灵魂。真实的照片不仅记录了自然，还蕴含着科学知识，这些知识可以通过照片被解读出来。

3.善

生态摄影创作应充满善意，体现对大自然和其他生命的敬畏与尊重。这种善意也包含了对自然的感激之情，感激自然给予我们如此美妙、神奇和壮观的景象。

4.创 意

创意是生态摄影作品的灵魂。通过独特的视角和创意的构图，摄影师可以展现自己的想法和情感，让作品更具深度和个性。

培养良好的摄影习惯，注重照片质量，是成为优秀的自然摄影师的关键。使用三脚架保持稳定、善于利用光线（如闪光灯、手电筒、自然光）、寻找合适的拍摄主题、采用有思想的构图和创意的拍摄角度，这些技巧都能帮助参与者拍出优秀的作品。虽然摄影设备不断更新换代，但摄影技术和审美能力的提升才是关键。因此，与其过度关注设备的更新，不如专注于提高自己的摄影技巧和审美水平。

（三）绿地图

绿地图是一种以环境保护为主题的地图工具，它使用全球统一的地图图例和绘图资源来标记社区中的自然环境、文化资源、生态保护和可持续发展相关信息。这种地图常被用于自然教育活动。它的创始人是来自美国纽约的温迪·鲍尔（Wendy Bower），她在20世纪90年代创立了非营利组织"绿地图"（Green Map）。该组织通过制作绿地图，为人们采用可持续生活方式提供指导，推动全球社区的可持续发展。绿地图通常会标注社区或学校中的自然栖息地、动植物分布、基础设施、文化景观、生态资源、环境信息、交通步道，甚至污染情况等。

如果要制作一幅新的绿地图并使用绿地图的国际标志，需要先向绿地图组织申请使用许可，获得授权后才能公开发布所创作的绿地图。在自然教育活动中，可以设计一个制作绿地图的环节。例如，为学校、公园或自然保护区制作绿地图，标注区域内的动植物分布，指出鸟类觅食和大树分布的位置等。创作一幅优秀的绿地图，需要对当地的自然资源和生态环境有深入的了解，熟悉当地的生态特征。例如，了解哪里有鸟类觅食和筑巢，哪里蝴蝶活动频繁，哪里有湿地和树林，等等。只有先收集好这些信息，才能顺利地创作绿地图。

绿地图的创作形式丰富多样，可以以绘画的形式绘制，也可以用实物布置。创作过程通常需要参与者实地走访调查，熟悉该区域的各种资源。这不仅能增加他们对该区域的了解，还能在分享过程中增强对区域的热爱，进而提高保护意识，促进保护行为。

（四）自然音乐

音乐是由一系列音组成的有逻辑的声音组合，是一种艺术形式。所有的人类文化中，都有音乐的存在。许多音乐源于自然，从音乐的旋律到音乐的节奏都能追溯到自然的源头，比如，意大利著名的作曲家安东尼奥·维瓦尔第（Antonio Vivaldi）的弦乐五重奏《四季》就是对"音乐即自然"的诠释。在大家非常喜欢的班得瑞（Bandari）的音乐中，也有很多自然的元素。大自然为许多音乐人的创作带来了灵感。

在自然教育活动中，音乐创作虽然不是广泛开展的活动形式，但也已经有了不少尝试，受到了参与者的青睐。

1.聆听自然的天籁

在大自然中，无时无刻不存在声音。夜晚的森林里，有各种虫鸣蛙叫，交织在一起宛如一场自然的音乐盛宴。在开展夜观活动的时候，可以找一个地方，让参与者静静地聆听一场大自然的"演唱会"，还可以对各种声音进行辨识。

2.野外录音，混合创作

大自然中不仅有各种虫鸣蛙叫、鸟语兽声，还有风声、雷声、雨声、海浪声、流水声。如果将这些丰富的自然之音收集起来，再通过后期制作，可以创作出特别的自然音乐。"欧洲大自然音乐宗师"班得瑞团队的音效师，深入瑞士的山林湖泊，巨细靡遗地将大自然的声音记录下来，创作出举世闻名的自然类轻音乐。其作品中的每一声虫鸣、流水声都是从大自然而来。置身山林之中让他们拥有源源不断的创作灵感，最终创作出最自然脱俗的音乐风格。中国台湾知名的音乐制作人吴金黛老师，耗时5年，深入台湾各处山林、河川、海边、沼泽，收集了各种大自然的声音，包括风声、水声及100多种野生鸟类、两栖动物、昆虫的声音，创作出了《森林狂想曲》，让听众在聆听时如同身临其境，感受到自然的生命力，进而唤醒人们对环境的珍惜之情。

（五）自然创作

自然创作，顾名思义就是利用自然物进行创作的活动。这类活动在自然教育课程中特别受欢迎，很适合低龄儿童参加。参与者既可以分小组一起创作，也可以个人独自创作。自然创作常常开展的活动有自然拼贴、自然拓印（植物拓印、石膏拓印）、自然雕刻等。

孩子们的自然创作作品

自然创作案例1

森林时钟

活动目的：留下大自然的记忆。

材料：白色卡纸、白胶、剪刀、小袋子。

制作方法：

①可以一个人自由创作，也可以分组或以家庭为单位，共同创作。

②在附近收集一些自然物作为创作素材，适量取用，可以有叶子、种子、枯枝等。

③结合自然物品特征，在圆形卡纸上先把物品摆放成时钟的样子。

④构图定格好之后，用白胶把这些叶子、果实等自然物粘贴固定。

⑤在作品上，也可以用彩色笔进一步进行修饰和完善。

⑥成品做好之后，可以拍照留存，也可以用木框装裱好，长期存放。

⑦和伙伴们一起分享创作的森林时钟，学习和了解时钟上的自然物。

自然创作案例2

雨棍

雨棍是一种乐器，也称为雨管或雨棒，通常用于音乐演出、录音。它音色模拟自然，舒缓悠然。在一些音乐表演中，雨棍常被用来模拟下雨的效果，或者作为一种节奏乐器。其起源于远古时期的干旱地区，是传统仪式中的祈雨器具，在印第安人的文化中，他们会用雨棍祈雨。现在的南美洲地区如秘鲁、智利，仍有居民用它来祈雨。

雨棍制作

制作方法：在竹筒上用电钻钻出螺旋形小孔，然后敲入牙签。在竹筒中灌入细石子或谷物，然后把竹筒封口。牙签越多，填充物下落的时间越长，声音也能持续得更久。在竹筒上可以用彩色马克笔或丙烯颜料做装饰，创造出属于自己的独一无二的雨棍。

自然创作案例3

植物敲拓染

场地：户外场地，社区、公园、山野均可，需有小块平坦场地。

人数：一人即可，多人更好。

物料：石头或橡皮锤，白色布料（如手帕、T恤、裙子、白布袋），植物叶片或枝条等植物材料。

流程：

①寻找小块干净的平坦场地，若无，用小块平整的木块垫在土地上亦可。

②寻找合适的植物材料，最好是汁水多、叶片造型漂亮的。

③将植物材料在白色布料上排版放置，以好看清淡为宜，不宜过多，适当留白。

④如果是单层布料，可将目标布料放在最下层，上面放花朵或叶子，以一次放一片完整的为宜；最上层压上另一层布料边角（若是布袋子这种双层布料，可将其翻转过来，将植物塞进去，排好版）。

⑤用橡皮锤或石头敲击放植物材料的位置，注意布料不能移动，敲时手要稳，不能在布料上来回蹭，以免敲染出的植物轮廓不清晰。

⑥看到整个植物颜色和轮廓均印在布料上后，方可取下布料。

⑦将布料翻开，取出植物残留的部分；或等植物干后，揉搓掉即可。

⑧继续按前法放置其他植物，继续敲拓，直至满意为止。

第五节　自然解说

一、什么是自然解说

自然解说最初源于欧美国家的国家公园体系，其核心目标是为游客提供优质的游览体验，帮助他们理解并支持国家公园的保护工作。在自然教育活动中，解说的应用极为广泛。例如，在自然导赏活动中，导赏员通过讲解，将场地内的自然知识、生态原理和自然保护理念以通俗易懂且有趣的方式传递给公众，这便是自然解说的一种形式。实际上，"自然解说"和"环境解说"表达的是同一概念，都是将复杂的自然生态知识和自然保护理念转化为公众易于接受并感兴趣的内容，从而实现更有效的传播、沟通和教育，达成自然教育的目标。

自然解说是自然教育的一种形式，它通过使用各种解说媒介或手段来介绍自然生态，主要分为自导式解说和向导式解说两种类型。

与传统的旅游导览不同，自然解说以自然保护为核心价值导向，以科学严谨为基本原则，以通俗易懂和趣味性的方式呈现，旨在解读专业的自然知识，并传递自然保护的核心理念。

二、为什么要开展自然解说

解说的核心目标是在听众与解说对象之间建立一座沟通的桥梁，帮助听众结合自身经验更好地理解解说对象。解说的倡导者比尔·邓迈尔（Bill Dunmire）指出，解说最重要的贡献在于"找到了一种新方法，让游客在解说过程中不再是被动的观众，而是积极的参与者"。

自然解说能够帮助公众理解自然现象及其运行规律，培养他们的环境保护意识，从而支持当地管理部门开展相关工作。这是自然教育服务于自然保护工作的重要方式。此外，自然解说还能激发公众对自然的兴趣，促进他们对自然知识的了解，鼓励他们积极参与自然保护行动，进而推动实现"倡导人与自然和谐共生"的自然教育目标。

🌲 三、如何开展自然解说

自然解说并非单纯地向参与者灌输当地的自然知识和人文历史，而是引导他们深入理解自然现象背后的原理，探索自然与人类的关系，并运用科学的思维方式和方法来应对和解决环境问题。因此，在设计解说内容和开展解说活动时，需要具备全局和系统的观念。

（一）解说六原则

1957年，被誉为"解说之父"的弗里曼·蒂尔登（Freeman Tilden）在采访了美国各地的国家公园并分析其解说情况后，出版了《解说我们的遗产》（*Interpreting Our Heritage*）一书。蒂尔登在书中提出的解说六原则，至今仍然是解说领域的经典论述。

1.关联性

任何解说，如果没有与展示的物品或参观者的个人经历和特性建立联系，就是没有生命力的。解说必须与听众在生活经验和情感上产生共鸣。

资讯并不等同于解说。虽然解说建立在资讯的基础上，但两者是完全不同的。所有有效的解说都包含相关资讯，但解说需要通过解说员对资讯进行整理和内化，形成有意义的内容，而不是简单地罗列事实。

2.艺术性

解说是一门艺术，与其他艺术形式相关联，无论展示的主题是科学、历史还是建筑。解说可以融入更多有创意的技巧，如诗歌、音乐、情景再现等，使传达的概念更容易被公众接受。

3.激发兴趣

解说的目的不仅是传授知识，更重要的是激发兴趣。参加自然教育活动的人不仅是为了学习知识，更是为了获得更好的自然体验。因此，解说应激发参与者进一步探索和自我学习的欲望，而不仅仅是提供简单的事实。

4.整体性

解说应注重整体性和全面性，而不是只关注局部或细枝末节。解说应有明确的主题，而不是一系列不相关的事实的堆积。好的解说能让参与者在回顾时用一句话概括出内容。

5.儿童解说的特殊性

对儿童（12岁以下）的解说并非成人解说的简化，而是要针对儿童的特点采用相应的策略（图3-17）。儿童通常注意力不够集中，但好奇心强、敢于冒险。针对这类群体的解说，应提供更多的体验机会。蒂尔登认为："解说应当最大程度地满足好奇心，丰富人的精神世界……通过解说，进而理解。通过理解，进而欣赏。通过欣赏，进而保护。"

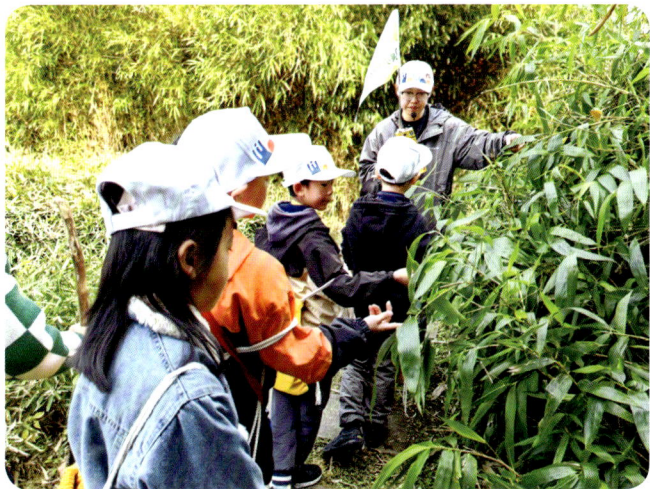

专心聆听自然解说的儿童们

（二）如何让解说更成功

1.精心规划解说停留点

在一次时长为1～1.5小时的导赏活动中，通常会安排5～7个重点解说停留点，其余的解说点则尽量做到简洁明了。解说员需要明确每次停留的目标，例如，在这个停留点要向参与者传达哪些概念，所采用的解说方法是否能够准确地解释这些概念，以及这些概念是如何与解说主题紧密相连的。此外，还可以设计一些"亮点"或"高光时刻"，以激发参与者的兴趣。比如，某个地方有可以品尝花蜜的植物，某个地方有有毒的植物，某个地方有可以制作叶子玩具的植物，等等。

2.确保大多数人都能参与

一场解说活动往往有多人参加，有时人数甚至多达数十人。当开始解说时，解说员要确保每位参与者都能清楚地看到自己和解说对象。如果解说地点过于狭窄，可以让队伍中的一半人先走过解说对象，然后解说员回到解说对象的位置开始解说。这样可以自然地引导参与者围绕解说员和解说对象站成一个弧形。如果所有参与者需要站在同一个地方，为了让每个人都能看到解说对象、听到解说内容，可以让大家围成半圆形，第一排蹲下，第二排站立，再进行讲解。

3.利用意外事件提升吸引力

户外解说的一大挑战是，可能出现解说主题之外的吸引参与者注意力的事物，例如，在讲解植物时，天上突然飞过一只猛禽。有经验的解说员即使不认识这只猛禽，也不会对此视而不见，反而会提醒参与者观看。猛禽翱翔的姿势也是很值得欣赏的。不要害怕偏离原本的解说主题，可以尝试将意外事件融入解说主题。

4.勇于承认自己的局限

在解说过程中，参与者会发现各种有趣的事物并希望解说员能够给予解释，比如，他们会问：这是什么植物？这是什么昆虫？这是什么鸟？然而，由于知识的局限性，解说员并不一定能一一解答这些问题。碰到自己不认识的物种，不能不懂装懂地说出一个自己也不确定的名字，而应该大方地承认自己"不知道"，并表示等自己查证之后再解答；或者提供一些线索，让提问者自己去寻找答案。此外，还可以向其他参与者寻求帮助，或者引导提问者去关注所发现物种的其他特征，这些都是不错的应对方法。

5.巧妙运用道具增强解说效果

解说不一定非要通过"说"，有时借助一些道具可以让解说的内容更容易被理解、更具有吸引力。心理学研究表明，人们对看到的东西的记忆持久性比单纯听到的东西要长得多。因此，准备一些小道具可以让解说增色不少。在准备道具时，尽可能提供类型多样的道具，如视觉道具、听觉道具、嗅觉道具、味觉道具、触觉道具等。例如，在讲解一种植物时，如果这个季节只有叶子，那么可以提前准备该植物的花朵、果实等部位的图片，然后在讲解时展示给参与者，帮助他们更好地理解。

6.善于运用提问调动积极性

在讲解过程中，避免一直单向讲述，而应该善于运用提问来调动参与者的积极性。通常可以使用以下几种类型的问题：

焦点型问题：这类问题询问具体的信息，鼓励观众参与，但通常不会激发出创造性的思考。这类问题通常以"谁""什么""哪里"为提问方式。例如，"萤火虫幼虫吃什么？"

过程型问题：这类问题比焦点型问题更开放，要求人们通过思考、分析给出综合信息，而非单一的答案或描述。这类问题常用的提问方式有"这是什么意思？""如果这样的话，会发生什么？""为什么会这样？"等。例如，"为什么萤火虫会发光？""有不发光的萤火虫吗？"

评价型问题：这类问题涉及参与者的价值评估、选择和判断，为参与者提供了分享感受的机会。这类问题通常以"你认为"开头。例如，"对于从外地抓一些萤火虫到商场里放飞的做法，你认为是否合适？"

无须回答的问题：并不是所有的问题都需要回答。如果并不需要参与者回答某个问题，可以使用设问句的形式。设问句具有参与性和强调性，可以帮助引导者强调某些重点内容。例如，引导者提问："如果有一天，这里的萤火虫因为人类的破坏而消失了，你会是什么心情？"这类问题虽然无须回答，却能够引发参与者的思考。

（三）自然解说的四个环节

1.开场：抓住听众的注意力

解说的开场至关重要，它能决定听众是否会持续关注整场解说。开场时，可以讲述一个与主题相关的、出人意料的小故事，或分享一个令人震惊的事实、现象，甚至利用解说员自身的独特之处来吸引听众。比如，在介绍百岁兰时，可以先抛出一个问题："世界上有没有一种植物，一生都不落叶？"这种开场方式能迅速激发听众的好奇心，使他们对接下来的内容充满期待。

2.过渡：引导听众思考

在成功吸引听众的注意力后，需要巧妙地将话题过渡到核心主题上。例如，在讲解植物落叶时，可以提问："为什么大多数植物会在秋冬季节落叶呢？"这样的问题不仅能让听众回顾已学的知识，还会激发他们对未知的探索欲望，使他们更期待从解说中找到答案。

3.主体：提供亲身体验

解说活动的核心是主体部分，这也是最耗时的部分。精心设计的停留点、互动体验和详细的讲解，可以帮助听众深入理解主题。在讲解过程中，鼓励听众充分调动五感——听觉、触觉、视觉、嗅觉和味觉，全方位地感受自然，从而达到最佳的讲解效果。例如，在讲解一种植物时，可以让听众触摸它的叶片，闻它的气味，甚至品尝它的果实（如果安全的话）。这样能让他们更深刻地记住这种植物。

4.结尾：鼓励分享感悟

活动的结尾是巩固听众印象的重要环节。经验丰富的解说员会鼓励听众分享他们的活动体会，让他们回顾解说内容，重温活动经历。这种分享不仅能加深听众对活动的印象，还能让解说员了解活动是否达到了预期的教育目标。可以通过提问引导听众分享。例如，"今天我们看到了哪些植物？""你对植物的哪些特性感到惊讶？""如果你是一只候鸟，你会希望人类为你提供什么帮助？"这些问题能激发听众的思考，使他们在分享中进一步巩固所学知识。

（四）善于运用有形与无形资源

有形资源是可以直接看到和触摸到的资源，如一块石头、一棵树；无形资源则是那些看不见、摸不着，但能引发深刻思考的东西。例如，一块普通的石头是花岗岩或玄武岩，这是有形资源；但如果这块石头来自长城或柏林墙，它所蕴含的历史、文化和情感价值就是无形资源。优秀的解说员会将有形资源与无形资源结合起来，启发听众进行深入思考。比如，在解说一块玄武岩时，可以讲述它形成的地质过程，再延伸到它所在地的重大历史事件、文化背景和社会价值，将它与人类情感联系起来，让听众不仅看到一块石头，还能感受到它背后的故事。

（五）成为一名优秀的解说员

要成为一名优秀的解说员，需要具备以下几点特质：

热情：对自然的热爱是成为一名优秀解说员的基础。只有真正热爱自然，才能将这份热情传递给听众。

真诚：用真诚的态度讲解，让听众感受到你的用心和专业。

技巧与经验：掌握一定的解说技巧，积累丰富的经验，具备扎实的知识储备。这不仅能提升解说的质量，还能增强解说的吸引力。

抓住时机：优秀的解说员善于抓住适当的时机进行解说，而不是一味地单方面讲解。他们能够引导听众自行观察和体验自然，在适当的地点接触和理解解说对象。

独特风格：培养自己独特的解说风格，如清晰的逻辑、幽默感等，这能让解说更具个性和魅力。

持续练习：不断练习是提升解说能力的关键。每次实践后，要及时复盘和总结，从听众的反馈中获取改进建议，持续提升自己的解说水平。

第六节　自然保护行动

一、什么是自然保护行动

自然保护行动是指一系列旨在保护自然环境、生物多样性以及自然资源的可持续利用的活动和措施。这些行动的目标是减少人类活动对自然生态系统的负面影响，保护和恢复生态平衡，确保自然资源能够长期稳定地为人类和其他生物提供支持。

二、为什么要开展自然保护行动

自然保护行动至关重要，因为自然生态系统是地球上所有生物生存的基础，维持着生态平衡、提供着生态服务、保障着人类健康，并支持可持续发展。生物多样性是生态系统稳定性和恢复力的关键，保护生物多样性不仅有助于增强生态系统的功能，还能为人类提供重要的经济、文化和精神价值。同时，自然保护行动能够应对气候变化，通过增强生态系统的碳汇功能和适应能力，减缓气候变化对人类和生物多样性的影响。此外，保护自然环境也是人类的伦理和道德责任，体现了对其他生物和子孙后代的尊重。因此，开展自然保护行动不仅是对自然的保护，更是对人类自身生存和发展的保障。

三、如何开展自然保护行动

目前，一些自然教育机构和自然教育从业者开始有意识地设计和实施与自然保护相关的教育活动和自然保护行动。这些行动可以从以下几个方面入手：创建、营造生物的栖息环境，例如，为动植物营造生境、搭建动物巢穴、阻止自然生境的破坏行为、清除入侵物种；解决生物面临的生存威胁，例如，防止鸟撞玻璃；直接行动改善生态环境，例如，清理山野、海岸的垃圾；开展基于民间公益力量的自然保护行动。

（一）为动植物营造生境

人类文明进程中的大规模建设、资源开发等活动，严重破坏了自然环境，致使众多生物失去适宜的栖息地，甚至走向灭绝。在自然教育活动中，为野生动植物打造适宜的生存空间成为一种常见且重要的保护方式。具体而言，若为本土野生动植物营造生境，应合理搭配高大乔木、灌木及草本植物，构建丰富的生境结构。在植物选择上，应优先选用四季开花的本土植物，确保全年均有花果可供观赏，重点补充鸟类食源植物、昆虫蜜源植物及寄主植物。在选址方面，优先考虑靠近水源的区域，打造有坡度、适合湿地植物和藻类生长的池塘生态系统，满足动植物的用水需求，同时保持池塘内水生植物的多样性，以增强水质自净能力。在生境营造与维护过程中，应避免使用农药和化肥，转而采用垃圾堆肥等有机肥料进行土壤养护。

昆虫旅馆的建造是一项富有成效的自然教育活动。它不仅能让参与者在动手实践中学习动物学、生态学知识，其成果还能成为动物的实际栖息场所，为参与者提供持续观察动物行为、深入了解相关知识的机会。昆虫旅馆的建造原理是依据不同动物（不仅限于昆虫）的习性，选择合适的材料搭建不同结构，为一种或多种动物提供栖息地。例如，管状结构材料可吸引蜂类，朽木利于天牛产卵，树皮能为瓢虫提供越冬场所，枯枝落叶则为蜘蛛和马陆提供庇护。此外，"本杰士堆"（人造灌木丛，由石块、木头堆叠而成）可为野生动物提供休憩、藏匿、玩耍和觅食的场所。

蝴蝶花园是专为蝴蝶营造的生境，主要提供蜜源植物以及蝴蝶产卵和幼虫生活的寄主植物。例如，马兜铃科植物吸引红珠凤蝶、麝凤蝶产卵，柑橘类植物吸引达摩凤蝶、玉带凤蝶、美凤蝶产卵，樟树吸引樟青凤蝶产卵；而刺槐、苜蓿、油菜花等则为蝴蝶成虫提供丰富的蜜源。通过合理搭配这些植物，可为蝴蝶在不同生活阶段提供适宜的生存空间。

部分自然教育机构尝试为萤火虫营造生境，以期重现夏夜萤火虫漫天飞舞的景象。然而，鉴于萤火虫对环境要求较高，目前此类活动应主要集中在维护其现有生境上。此外，为野生动物过马路提供特别通道也可视为一种为动物营造生境的方式，但由于成本较高且技术要求复杂，目前难以向公众广泛推广，但与之相关的动物路杀现象却是极具价值的自然教育内容。同时，科学合理地控制流浪猫数量、避免捡拾刚出巢的幼鸟等宣传活动，也是为动植物创造良好生境的重要举措。

（二）搭建动物巢穴

人类的诸多行为显著改变了某些物种的生活习性，家燕便是其中的典型代表。家燕在中国广泛分布，自古以来便与人类生活在一起，常在屋檐下筑巢，具有重要的文化象征意义。然而，随着城市化进程的加速，传统中式建筑的房檐被高楼大厦的玻璃幕墙所取代，现代建筑不再适宜家燕筑巢。同时，人类因各种原因捣毁燕巢、大量使用农药等行为，导致家燕数量急剧下降。为应对这一问题，一些自然教育机构研发了人工家燕巢，并组织公众参与制作、安放和监测等工作。此类活动不仅为家燕提供了繁殖场所，还为公众提供了参与自然保护的机会，且常与自然观察活动相结合，进一步提升了活动的教育意义。

除了搭建家燕巢，还可以开展搭建其他鸟类巢穴的活动。这要求活动组织者具备丰富的鸟类生物学和行为学知识，以及对当地生态环境进行深入了解，以便正确引导公众开展相关活动。此外，受国外蝙蝠保护机构的启发，国内部分自然教育机构也组织公众制作或悬挂蝙蝠箱，为蝙蝠提供白天的栖息场所。

（三）清除入侵物种

物种入侵是指人类活动将某些动植物带入原本无法自然扩散的区域，并在该区域大规模繁殖，进而威胁到本地物种生存的现象。需要注意的是，入侵物种与外来物种并非同一概念。入侵物种必然是外来物种，但并非所有外来物种都会对本地物种构成威胁。一方面，许多外来物种因无法适应当地气候而无法形成大规模种群，不会对本地物种造成危害；另一方面，一些外来物种如土豆、西红柿等蔬菜，传入中国后为食品供给作出了重要贡献，并非入侵物种。因此，在开展自然教育活动时，需明确二者关系，传播正确的知识和理念，让公众了解入侵物种的概念，学会辨认当地入侵物种，并根据实际情况采取清除措施，以提高公众的环保意识，改善局部生态环境。

在开展清除入侵物种活动前，须先了解其生物学知识，如生长习性等，以便采取针对性措施。最好邀请相关专家参与，协助选择合适的活动地点，讲解如何清除不同入侵物种及其安全处置方法。例如，在福寿螺产卵季节集中清除其卵，可有效控制其种群数量；在加拿大一枝黄花种子成熟前将其清除，可防止其扩散。此外，利用公民科学家对入侵物种进行调查和监测，也是开展自然教育活动的有效方式之一。

活动前，须确定清理范围、处理方案、参与人数及清理工具等，制定活动方案。活动开始前，向参与者介绍入侵物种的特性、危害，并进行自然观察，加深对其的了解；活动中，讲解注意事项，发放清理和保护工具；活动结束后，组织总结分享，激发参与者对自然保护的热情。

（四）防止鸟撞玻璃

尽管鸟类拥有出色的视力，但白天时，玻璃的反光和眩光会对其造成视觉干扰，使它们难以察觉玻璃的存在，无法区分玻璃上的反射影像与真实环境，从而误将反射影像视为可穿越的安全通道，导致撞击玻璃事件的发生，尤其是在受到惊吓或威胁时，这种撞击事件更为常见。夜间，建筑物玻璃装饰附近的光源也会使迁徙的鸟类迷失方向，进而与玻璃发生碰撞。大面积玻璃和拐角处的玻璃是鸟类撞击事件的高发区域，这种撞击对鸟类来说往往是致命的，或者会给它们留下严重的后遗症，严重影响其生存概率。

因此，提倡设计防止鸟类撞击玻璃的设施是一种有效的自然教育手段。设计这些设施的核心原则是让鸟类能够清晰地看到玻璃并避开它。常见的方法包括：

在室内安装窗帘或百叶窗，减少玻璃反光。如果安装角度合适，这些装饰不会影响室内采光和观景，但对鸟类来说却至关重要。

将窗户前的植物移开，避免鸟类误以为此处是避难所或食物来源。应将植物放置在鸟类从室外无法看到的位置。

安装有花纹的玻璃，减少反光区域。

在窗户上增加装饰，如张贴猛禽图案或其他装饰物，以减少反光。

安装类似汽车窗的单向透明薄膜，从室内向外看是透明的，但从室外向内看则是不透明的。

在窗外安装遮阳伞或遮阳布，既能减少反光，又能节约能源。

在玻璃附近放置一定高度的绿色植物，吸引鸟类停留。这样，鸟类在试图穿过玻璃之前会先停在植物上，即使再次起飞撞到玻璃，也会因速度较慢而免受伤害。

（五）清理山野、海岸的垃圾

自然教育活动通常在自然环境中进行，无论是城市公园还是山林郊野，都优先选择原生态、景色宜人的地方。然而，这些地方常常有大量被游客丢弃的生活垃圾。在自然教育活动中，可以安排捡拾垃圾的环节，让参与者身体力行地参与环境保护。活动结束后，将收集的垃圾集中分析，探讨这些垃圾的类型、降解时间、来源以及解决办法。

在开展此类活动前，须准备足够的可重复利用的手套和大垃圾袋等工具。通过这类实际行动，让参与者更深入地了解垃圾对自然环境的影响，理解行动的意义和重要性。

（六）基于民间公益力量的自然保护行动

随着自然教育活动的日益频繁和内容的不断丰富，公众对于参与自然保护项目相关体验式活动的需求也日益增长，这种社会需求在实践中越发显著。因此，将自然保护项目实施过程中的内容转化为公众可参与的自然教育活动，同时将自然教育活动作为自然保护项目发展的内驱动力，助力项目实现更高效、更优质的发展，显得尤为重要。例如，北京市企业家环保基金会（SEE基金会）将荒漠化防治自然教育作为荒漠化防治的重要策略之一。2019年，SEE基金会重点打造了《阿拉善SEE荒漠化防治自然教育总体规划》，旨在有效遏制荒漠化，保护和改善生态环境；同时，将自然教育活动融入项目实施过程中，并向公众开放参与通道，让公众通过亲身实践感知和了解荒漠化，从而动员更多人用实际行动保护环境。为此，SEE基金会设计了"荒漠行动家"等自然教育活动，以阿拉善SEE公益治沙示范基地为核心，结合当地资源，开展具有本土特色的自然教育活动，帮助参与者深入了解荒漠环境的特殊性、荒漠化的成因、影响及防治手段。活动内容包括荒漠化及其成因的讲解（通过室内展板、视频播放等方式），以及荒漠化影响及保护行动的实践（如荒漠植物认知、草方格沙障制作或沙生植物种植等），激发参与者通过实地体验参与保护行动。

当然，与自然保护相关的活动远不止这些，上述只是部分正在开展的活动案例。这些活动具有一定的可复制性，可根据实际情况在全国范围内推广。鉴于仅依靠自然保护工作者的力量是远远不够的，参与自然教育活动的人群具有广泛性，自然保护工作需要全民的支持与参与。这使得自然教育在唤醒更多人理解并支持自然保护工作方面具有极其重要的意义。在自然教育活动中，有意识地融入与自然保护相关的内容，能让参与者直接体验保护工作，提高保护意识，进而理解并支持保护事业。

开展自然教育的方法多种多样，本章仅列举了一些常见的实践方法供读者参考。除了这些实践方法外，自然教育领域还有许多理念和理论知识，如项目式学习（project-based learning）、探究式学习（inquiry-based learning）等，本书未作过多介绍。这些理念和理论知识在常规教育体系、科学教育体系或环境教育体系中都有大量专著和论文进行详细论述。感兴趣的读者可以查阅相关资料。

我们坚信，方法并非一成不变，它是一种工具，需要根据不同的教学目标、教育对象和教学情境灵活运用。最关键的是，自然教育工作者需要对自然有正确的理解和尊重，对参与者（尤其是儿童）进行适当的引导。只有在此基础上，设计和实施的活动才能达到最佳的教育效果。

社区参与
动员公众参与自然保护

生境创造
为动植物提供必要的生活空间

垃圾清理
移除自然栖息地中的垃圾

动物巢穴
为动物提供安全的栖息地

鸟类安全
防止鸟类与人造结构相撞

入侵物种管理
控制有害物种以保护本地生态

自然保护行动

第四章 自然教育政策体系

我国自然教育事业的起步相对较晚，整体发展还不够平衡。目前，许多自然保护地尚未开展自然教育工作，导致丰富的自然教育资源未能得到充分利用。同时，自然保护地在自然教育功能的分区规划上存在不足，缺乏合理的统筹安排。社会层面开展自然教育也面临类似问题，功能分区不明确，缺乏统一规划。此外，社会参与自然教育的积极性尚未充分调动，教育机构与自然保护地之间的衔接不够紧密。自然教育的内涵在实践中体现不够充分，教育效果不够显著。自然教育教材的质量也存在较大差异，难以达到预期的教育效果。

为了保障自然教育活动的顺利开展，必须加强相关政策法规的建设。目前，自然教育市场更像是一个自下而上自发推动的新兴领域，缺乏宏观管理和顶层设计。为了实现自然教育的可持续发展，须从国家层面进行统一管理和部署，由相关协会与机构负责具体落实，制定国家标准和行业规范，以推动自然教育的健康发展。

第一节 相关政策法规建设基本情况

一、自然教育相关政策法规与标准

截至目前，我国在自然教育领域仅有国家林业和草原局于2019年4月1日发布的唯一一份指导性文件——《关于充分发挥各类自然保护地社会功能大力开展自然教育工作的通知》。在此基础上，广东省和四川省结合自身实际情况，分别制定了《广东省林业局关于推进自然教育规范发展的指导意见》和《四川省森林自然教育基地评定办法（试行）》。此外，中国林学会于2019年底起草并发布了《森林类自然教育基地建设导则》（T/CSF 010—2019）与《自然教育标识设置规范》（T/CSF 011—2019）。2022年，中国林学会发布团体标准《自然教育基地建设碳中和指南》（T-CSF-012-2022），规定了碳中和自然教育基地建设的术语、基本要求、建设程序等方面的内容及要求。2022年，国家林业和草原局发布了行业标准《自然教育指南》（LY/T 3329—2022）。2024年，林草行业标准《自然教育评估规范》（LY/T 3419—2024）经国家林业和草原局批准发布，自2025年5月1日起实施。这是目前我国自然教育评估领域的第一个行业标准。

🌿 二、环境教育和研学旅行相关政策法规

鉴于自然教育与环境教育及研学旅行之间的紧密联系，环境教育和研学旅行领域的相关政策文件对自然教育活动的开展以及相关法规的制定具有重要的参考价值。目前，国家层面关于环境教育的指导性文件是环境保护部等6部委发布的《全国环境宣传教育工作行动纲要（2016—2020年）》，而关于研学旅行的指导性文件则是教育部等11部委发布的《关于推进中小学生研学旅行的意见》。这两个文件分别从"环境保护宣传教育"和"全面推行素质教育"的角度出发，对环境教育和研学旅行的实施进行了宏观规划，内容涵盖了组织协同、课程设计以及保障措施等多个方面。

🌿 三、自然教育载体相关政策法规

自然教育作为一种依托自然环境开展的教育活动，其实施场所和教育载体正是自然资源相关法律法规所保护的对象。目前，我国已制定了一系列自然资源保护的法律法规，涵盖了《中华人民共和国环境保护法》《中华人民共和国森林法》

《中华人民共和国海洋环境保护法》《中华人民共和国水法》等基础性法律，以及在此基础上出台的《中华人民共和国陆生野生动物保护实施条例》《国家级自然公园管理办法（试行）》《中华人民共和国自然保护区条例》等具体条例。这些法律法规不仅为自然教育活动的载体资源提供了有力的保护，还通过其中的资源利用与保护条款及实施细则，对自然教育活动中的参观游览、考察学习、休息体验等环节提出了明确的规范要求。

自然教育研学旅行

第二节　主要政策法规内容介绍

一、综合性自然教育活动相关政策法规

国家林业和草原局《关于充分发挥各类自然保护地社会功能大力开展自然教育工作的通知》指出，开展自然教育对于建设生态文明，引导公众参与自然保护，满足教育、精神和文化需求，推进林业现代化和林业草原产业升级，提升人民生活质量具有深远意义。文件要求各级林业和草原主管部门将自然教育纳入全局工作，与保护工作同步推进，加强研究和规划，提升自然保护地基础建设，利用现有设施与各方合作开展教育活动，借鉴先进经验，建设专家团队、教材和志愿者队伍，逐步完善自然教育体系。

根据教育部等11部委《关于推进中小学生研学旅行的意见》，研学旅行有助于学生培育和践行社会主义核心价值观，促进素质教育全面实施，满足旅游需求并培养文明旅游意识。文件要求将研学旅行纳入中小学教育教学计划，结合实际统筹安排，加强基地建设，建立准入和评价机制，打造精品线路，开发适合不同学段的课程，成立多部门协调小组推进工作。

环境保护部等6部委《全国环境宣传工作教育行动纲要（2016—2020年）》强调环境宣传教育是环保工作的重要组成部分，要围绕国家工作大局，贴近实际和群众，探索新思路，宣传环保政策，开展生态文明主题活动，推进全民宣传教育计划，引导公众参与环保，为环保事业发展提供舆论支持和文化氛围，宣传环保对民生、经济发展和结构优化的作用，创新宣传形式，建立社会行动体系，营造良好的社会环境。

🌳二、与自然教育相关的专门性政策法规

与自然教育相关的专门性政策法规主要集中在自然资源保护领域。《中华人民共和国森林法》（2019年修订）旨在践行"绿水青山就是金山银山"的理念，保护、培育和合理利用森林资源，加快国土绿化，保障森林生态安全，建设生态文明，实现人与自然和谐共生。

海洋资源是指在海洋中可利用的对人类有使用价值的物质和能量。《中华人民共和国海洋环境保护法》（2017年修订）主要针对海洋污染、生态破坏和资源浪费问题进行规范。

《中华人民共和国水法》（2016年修订）以保护水资源和改善水环境为宗旨，结合流域及区域水资源保护监测规划编制工作实践，旨在合理利用和保护水资源。

《中华人民共和国防沙治沙法》（2018年修订）是为了预防土地沙化，治理沙化土地，维护生态安全，促进经济和社会的可持续发展而制定的法律。

《中华人民共和国自然保护区条例》（2017年修订）旨在加强自然保护区的建设和管理，保护自然环境和自然资源。该条例明确了自然保护区的建设管理和相关法律责任。

《森林和野生动物类型自然保护区管理办法》（1985年发布）指出，自然保护区是保护自然环境和自然资源、拯救濒临灭绝的生物物种、进行科学研究的重要基地，对促进科学技术、生产建设、文化教育、卫生保健等事业的发展具有重要意义。根据《中华人民共和国森林法》和有关规定，1985年6月21日国务院批准，1985年7月6日林业部公布施行该办法。

《国家级自然公园管理办法（试行）》（2016年9月22日国家林业局令第42号修改）是为了加强森林公园管理，合理利用森林风景资源，发展森林旅游，根据《中华人民共和国森林法》和国家有关规定所制定。

第三节　自然教育政策体系建设建议

一、自然教育制度体系设计

为全面实施自然教育的重点任务，需广泛凝聚各方力量，协同推进自然教育事业的发展。一方面，应组织专家团队深入研究自然教育的中长期战略和基础理论，构建具有中国特色的自然教育理论体系，并在此基础上推出丰富多样的自然教育课程、路线、教材及特色产品。另一方面，应加强自然教育学校（基地）建设，提升教育活动质量。为保障自然教育产业的可持续发展，须从行业规范性出发，构建涵盖业务、人才、基地等方面的自然教育制度体系，并积极开展标准体系建设，推动自然教育的规范化发展。

二、自然教育制度建设

自然教育是一个涵盖多个要素和领域的复杂系统，需要一个强有力的组织管理制度来统筹协调。首先，从政策层面明确负责自然教育的政府机构及其职能，由政府或指定机构成立自然教育委员会，形成协同合作的工作机制。其次，明确学校、森林公园、自然保护区等单位开展自然教育的义务，建立分级管理的自然教育工作机制。通过立法和制定行政法规，确立自然教育发展的人力、财力、物力保障制度。根据不同地区和单位的实际情况，设定自然教育师资、课程、实践基地建设标准及经费投入等要求。通过法规明确全员参与自然教育的职责，规范自然教育运营机构的建设标准，以保障自然教育的持续推进。

三、自然教育人才队伍建设制度

自然教育的实施离不开专业的自然教育教师（包括自然讲解员、自然资源体验教练等）。专业自然教育师资队伍建设是自然教育的起点和关键环节。首先，赋予开展自然教育工作的机构专业岗位人员职责，并在职称评定、年度考核中加入自然教育课程开设、授课时长和效果评价等内容。其次，制定激励政策，鼓励有条件的单位聘用专门从事自然教育的教师，建立相关学科点和研究机构。再次，在教育主管部门和人事主管部门的师资培训中加入自然教育教学技能课程，鼓励各专业教师在课程中融入自然教育内容。最后，整合各机构的自然教育培训项目，形成系统化的培训体系，并设立专项基金支持高素质人才参加培训。

四、自然教育课程与教材建设制度

自然教育的核心内容来源于自然，其课程与教材是自然教育的重要载体。构建自然教育课程制度，应以系统设置自然科普和自然实践教育课程为核心，在自然环境教育、生态伦理教育、地理教育等课程中融入自然环境知识和生态文明知识。有关部门应组织制定《自然教育大纲》及实施细则，将自然教育课程全面纳入学校日常课程体系和公职人员培训体系。在教材方面，一是将自然教育纳入学校教材编写和修订体系，设立教材编纂委员会和专项基金，将自然教育内容全面渗透到相关课程教材中；二是广泛运用新媒体技术，实现自然教育教材的电子化、便捷化和社会化，构建专业学校教材和社会读本的双体系。

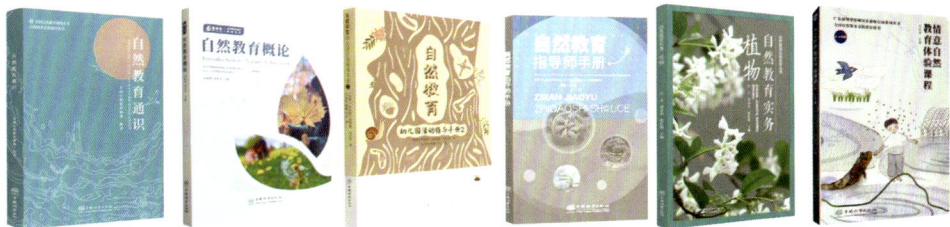

自然教育相关教材和图书

🌳 五、自然教育评价制度

自然教育法规及其实施细则应明确规定自然教育的准备工作、实施过程和教育结果的评定与检测，包括对自然教育的重视程度、财物投入、绩效产出、教育内容、环境教材、师资及公众自然素养的评价。明确评价主体、程序、期限及结果运用等细节，通过定期评估体现不同地区和单位自然教育的优劣，为政策决策、表彰奖励和惩处提供科学依据。

🌳 六、自然教育公众宣传制度

创新宣传方式，开展丰富多彩的全民自然教育宣传活动，加强自然教育主题宣传、成就宣传和典型宣传。不断改进宣传内容和形式，丰富宣传题材、风格和载体，贴近公众、贴近生活、贴近实际。深化自然教育试点基地建设，传播生态文明理念，引导公众自觉参与自然教育活动，转变生产生活方式，树立人与自然和谐相处的生态文明观，提升公众对自然教育的客观认识。

自然教育宣传活动

第五章 浙江农林大学自然研学教育课程体系

第一节 土壤主题课程

一、课程名称

土壤密码：生命根基的探索之旅

二、行前导读

（一）研学寄语

土壤是地球的皮肤，是生命诞生的摇篮。它默默滋养着万物生长，却鲜少被我们真正了解。本次课程将带你走进土壤的微观世界，亲手触摸自然的循环法则，感受土壤与生命的深刻联结。愿你们用好奇心翻开大地的书页，用行动守护这片孕育文明的沃土。

（二）阅读领航

推荐书目：《翻开科学：土壤的奥秘》

作者：翻开科学编委会

出版社：中国环境出版集团

推荐理由：书中采用图文并茂的方式，通过生动的故事和精美的插图，帮助孩子们更好地理解和记忆知识点。它不仅是一本科普读物，更是一本教育读物。通过这本书，孩子们可以了解土壤对于维持生态平衡、支持生物多样性的重要作用。同时，书中强调了人类活动对土壤的影响，引导孩子们思考如何保护环境，养成良好的环保习惯。

（三）课程概述

1.课程理念

以浙江农林大学的森林土壤与环境联合实验室为依托，通过实验观察、土壤体验等多种方式，让孩子们从观察到创造，从认知到行动，在土壤科学探索中培养生态素养与责任意识。

2.课程目标

知识目标：掌握土壤分层结构、酸碱特性及有机质循环原理；理解土壤在生态链中的核心作用。

能力目标：提升科学实验、团队协作与生态设计能力；掌握可持续种植与废弃物资源化技术。

浙江农林大学森林土壤与环境联合实验室

矿物岩石标本

情感态度及价值观目标：建立对土壤资源的敬畏之心；激发参与生态保护的主动意识。

3.特色亮点

多学科融合：结合地理、生物、化学、戏剧等多学科实践。

闭环式学习：从实验室探究到生态花园建造，形成完整认知链。

持续性观察：堆肥箱长期跟踪，培养科学记录习惯。

4.课程内容

时间安排	行程安排	课程内容	成长教育	地点
9:00—9:25	破冰游戏	土壤盲盒探秘	通过感官认知土壤多样性	国家重点实验室前草坪
9:30—10:30	土壤微世界	土壤分层实验/酸碱测试/显微镜观察	科学探究能力	国家重点实验室土壤实验室
10:40—11:20	我的堆肥箱	厨余堆肥原理学习/堆肥箱制作/观察计划制定	循环经济思维	园林实训基地
11:30—12:30	午餐时间			集贤食堂
13:00—13:45	土壤故事剧场	生态角色剧本创作/场景化演绎	生态共情能力	园林实训基地
14:00—15:00	可食用花园计划	生态种植设计/伴生植物搭配/有机肥施用实践	系统规划能力	园林实训基地

5.所需物资

实验类：土壤分层装置、pH试纸、数码显微镜、离心管。

实践类：堆肥桶（带通气孔）、椰糠基质、EM菌剂、园艺工具套装。

教具类：土壤类型标本、生态剧场道具箱、种植规划图纸。

安全类：一次性手套、消毒湿巾、急救包。

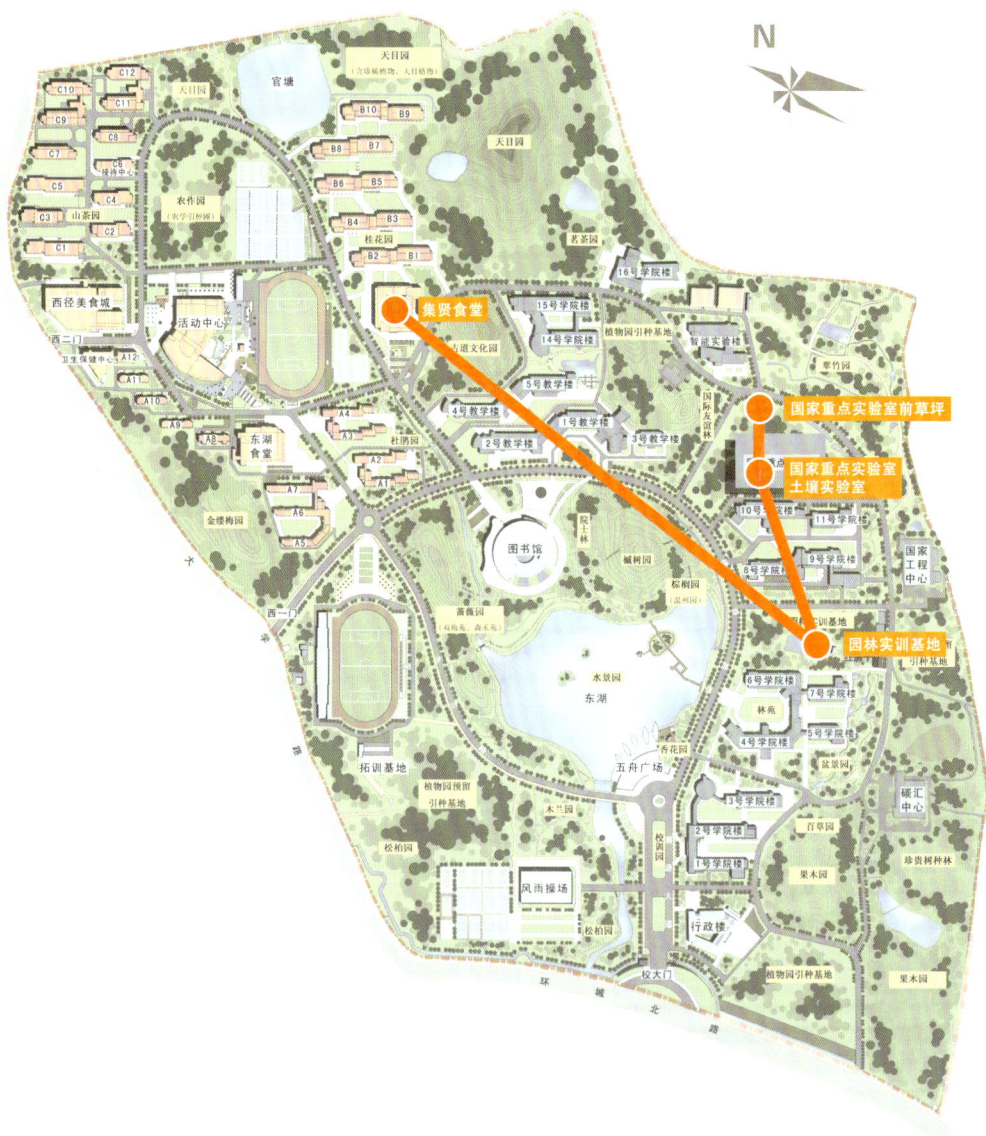

土壤主题课程研学地图

🌱 三、课程实施

（一）土壤微世界

1.课程导入

如果土壤会说话，它会向我们诉说怎样的地质史诗？通过展示土壤切片，引发参与者对土壤形成过程的思考。

2.自然教育研学活动

分层实验：量化记录砂粒/粉粒/黏粒比例，理解土壤质地类型，绘制土壤剖面图，通过剖面图分析土壤垂直结构差异。

pH值侦探：对比农田/森林/湿地土壤酸碱度差异，讨论成因。

显微观察：识别放线菌、线虫等土壤微生物。

3.评价反馈

学生自评：实验记录完整度。

小组互评：仪器操作规范性。

教师评价：学生所提出科学问题的质量。

绘制土壤剖面图

土壤实验室操作

（二）我的堆肥箱

1. 课程导入

播放"香蕉皮变形记"延时摄影，展示厨余变肥料的过程。

2. 自然教育研学活动

碳氮比调配实践：用咖啡渣 / 枯叶 / 果皮制作黄金比例堆肥。

堆肥日记设计：制定温度 / 湿度 / 气味跟踪表。

3. 评价反馈

学生自评：物料分层合理性。

小组互评：问题响应解决速度。

教师评价：长期观察计划可行性。

课程延伸：建立线上观察社群，持续分享堆肥转化进度与植物生长日志，三个月后举办"土壤之子"成果展。

利用饮料瓶堆肥

（三）土壤故事剧场

1. 课程导入

分发"土壤居民身份证"，包含蚯蚓/真菌/根系等角色卡。

2. 自然教育研学活动

即兴创作：模拟养分传递/水土流失危机事件。

生态伦理辩论："人类开发与土壤健康的平衡点"。

3. 评价反馈

学生自评：角色诠释生动性。

小组互评：剧本生态科学性。

教师评价：生态系统关联理解深度。

（四）可食用花园计划

1. 课程导入

展示朴门永续设计①案例，讨论"食物里程"概念。

2. 自然教育研学活动

伴生植物搭配：番茄+罗勒+万寿菊生态组合种植。

覆盖物实践：用秸秆进行保水抑草处理。

3. 评价反馈

学生自评：种植方案创新性。

小组互评：工序衔接流畅度。

教师评价：生态效益预估合理性。

---

① 朴门永续设计是由澳洲 Bill Mollison 与 David Holmgren 于 1974 年共同提出的一种生态的设计方法，发展至今已经成为世界性的永续运动。主要精神是发掘大自然的运作模式，运用其来设计环境与生活，以建立人类和自然的平衡点。它是科学、农业，也是一种生活哲学和艺术。

第二节　竹主题课程

一、课程名称

竹林奇遇记：探秘绿色宝藏

二、行前导读

（一）研学寄语

世界竹子看中国，中国竹子看浙江。浙江不仅竹产业发达，还是"两山"理念发源地。浙江农林大学以竹子及其文化研究为主方向，是全国唯一的"竹资源与高效利用"国家特殊需求博士人才培养项目单位。本次自然教育研学实践课程将带领同学们深入国家重点实验室、翠竹园，通过自然游戏、实验室参观与体验等多种方式，认识竹子的品种，了解竹子的培育技术，感受竹文化的魅力。希望同学们在此次研学中，能够收获知识、提升能力，培养对自然的热爱与对传统文化的敬畏之心。

（二）阅读领航

推荐书目：《中国竹文化》

作者：何明、廖国强

出版社：人民出版社

推荐理由：本书详细而全面地阐述了竹在中华民族的衣食住行、生产、书写、宗教、艺术、哲学等各个领域所构成的事象，并运用文化学、价值学和符号学的理论分析其中蕴含的中国传统文化意义和特征；从微观、中观、宏观三个层面的聚焦扫描，历时、共时两坐标的纵横，展示出中国竹文化的多维立体结构。通过阅读本书，同学们可以提前对竹文化有一个整体的认识，为研学实践课程的学习打下坚实的基础。

（三）课程概述

1.课程理念

以浙江农林大学的竹林资源和科研成果为依托，通过自然游戏、参观体验、文化探究等多种方式，引导学生亲近自然、了解自然，激发学生对自然科学的兴趣，培养学生的实践能力、创新精神和文化传承意识，促进学生综合素质的全面发展。

2.课程目标

知识目标：识别常见的竹子品种，了解不同品种竹子的形态特征与生长习性；了解竹子新品种创制与工厂化育苗技术、刨切微薄竹生产等前沿技术，探究竹文化在中国传统文化中的地位与内涵。

能力目标：培养学生的观察能力、动手实践能力、科学探究能力以及团队协作能力。提高学生对自然现象的分析与总结能力，引导他们运用所学知识解决实际问题。锻炼学生的表达能力与沟通能力，鼓励学生分享自己的研学收获与感悟。

情感态度及价值观目标：激发学生对自然的热爱，增强环保意识，树立可持续发展的观念。让学生感受传统文化的魅力，培养民族自豪感与文化自信，传承与弘扬中华优秀传统文化。培养学生的团队合作精神与社会责任感，学会在集体活动中相互支持、共同进步。

3.特色亮点

实践性强：通过自然游戏、实地参观与体验等活动，让学生在亲身体验中学习与成长，增强对知识的理解与记忆。

科技含量高：结合浙江农林大学的科研成果，让学生了解竹子新品种创制与工厂化育苗、刨切微薄竹生产等前沿技术，拓宽学生的科学视野。

文化传承：深入挖掘竹文化内涵，引导学生传承与弘扬传统文化，增强文化认同感。

4. 课程内容

时间安排	行程安排	课程内容	成长教育	地点
9:00—9:25	破冰游戏	竹竿平衡挑战	锻炼团队协作与耐心	翠竹园
9:30—10:30	竹子品种大挑战	通过自然游戏的方式，识别竹子的品种，了解不同品种竹子的形态特征与生长习性	热爱自然、科学探究、实践能力	翠竹园
10:40—11:20	竹子新品种创制与工厂化育苗参观体验	参观浙江农林大学竹子新品种创制实验室与工厂化育苗基地，了解竹子新品种创制的原理与过程，体验工厂化育苗技术	科学探究、实践能力、创新精神	国家重点实验室
11:30—12:30	午餐时间			集贤食堂
13:00—13:45	刨切微薄竹产品体验	了解刨切微薄竹特性（轻薄、柔韧、环保、耐用）及生产工艺，引导学生思考其与传统材料的区别和优势	动手实践、科学探究、团队协作	国家重点实验室
14:00—15:00	竹文化体验之旅、闭营仪式	探究竹文化在中国传统文化中的地位与内涵，欣赏与竹相关的诗词、绘画、音乐、建筑等作品，体验竹编、竹雕等传统竹工艺品制作技艺	学会分享、审美情趣、文化传承	翠竹园

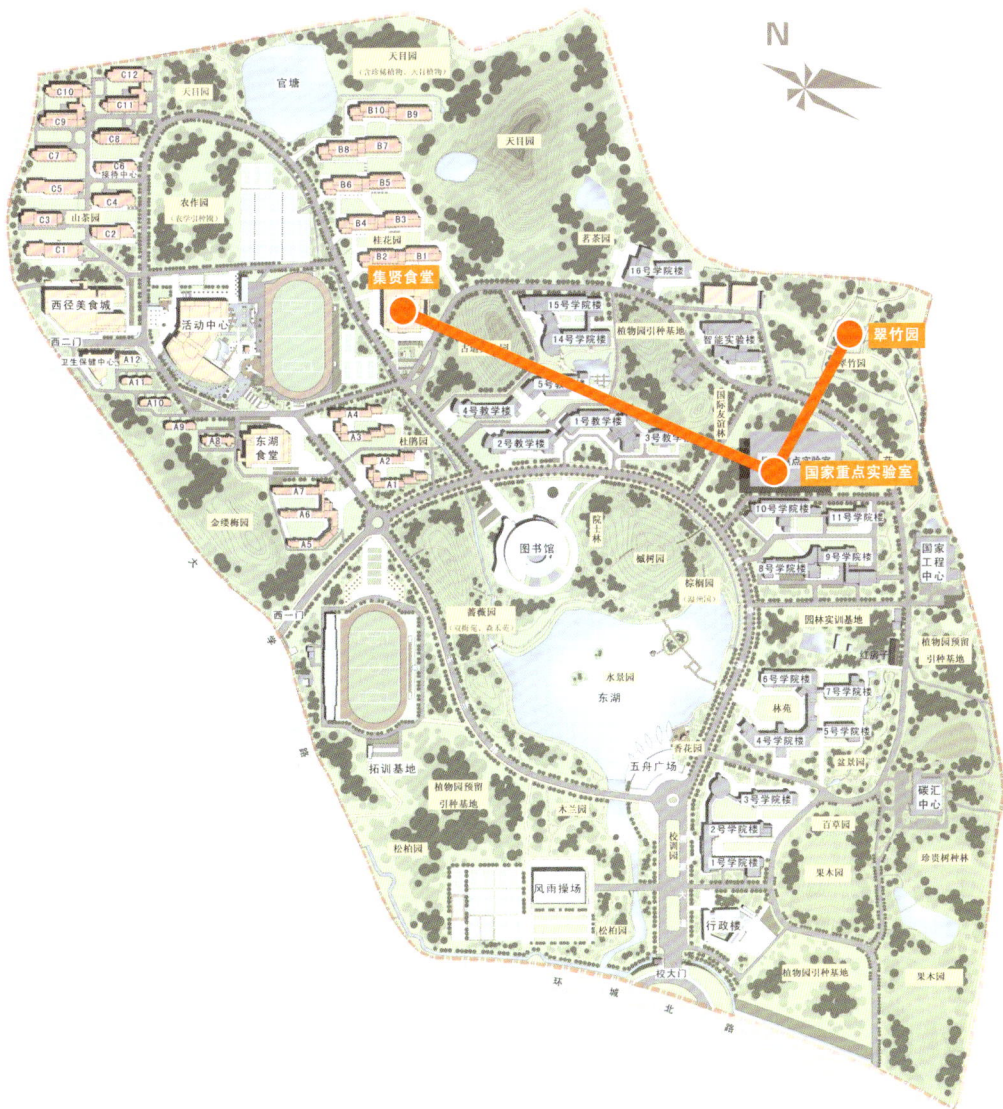

竹主题课程研学地图

刨切微薄竹产品

5.所需物资

竹子品种大挑战：竹子品种识别手册、记录本、笔、竹子标本。

竹子新品种创制与工厂化育苗参观体验：实验防护用品（如手套、护目镜等）、育苗工具（如扦插工具、培养基等）。

刨切微薄竹产品体验：刨切微薄竹产品、剪刀、胶水、装饰用的小物件。

竹文化体验之旅：竹编材料（如竹条、竹篾等）、竹雕工具（如刻刀、砂纸等）、竹文化相关产品等。

三、课程实施

（一）竹子品种大挑战

1.课程导入

通过展示不同品种竹子的图片，介绍竹子在浙江农林大学的分布情况，引出本次"竹子品种大挑战"课程的主题，激发学生对竹子品种识别的兴趣。

2.自然教育研学活动

自然游戏：将学生分成若干个小组，每组发放竹子品种识别手册和放大镜。在竹林中设置不同的任务点，要求学生通过观察竹子的形态特征（如竹竿的颜色、粗细，竹叶的形状、排列等）来识别竹子的品种，并在记录本上记录下观察结果。

小组竞赛：各小组完成任务后，回到集合点进行竹子品种识别竞赛。每组派出一名代表，对抽取的竹子标本进行识别，并简

竹子品种识别手册

要介绍其特征。教师根据各组的表现进行评分，并对表现优秀的小组给予奖励。

专家讲解：邀请浙江农林大学的竹子专家为学生讲解竹子的分类体系、不同品种竹子的生长习性与用途，帮助学生更好地理解竹子品种的多样性。

3.评价反馈

学生自评：让学生回顾自己在游戏中的表现，包括观察是否仔细、记录是否准确、是否积极参与小组竞赛等，填写自评表格，反思自己的优点与不足。

小组互评：各小组成员相互评价，从团队协作、任务完成情况、知识掌握程度等方面进行评价，找出小组在活动中的优点与不足之处。

教师评价：教师根据学生在游戏中的表现、竞赛成绩以及小组讨论情况，对学生的知识掌握程度、实践能力、团队协作能力等进行综合评价，并给予针对性的建议与指导。

浙江农林大学翠竹园的竹子

（二）竹子新品种创制与工厂化育苗参观体验

1.课程导入

通过播放一段关于竹子新品种创制与工厂化育苗的视频，展示竹子新品种的优良特性以及工厂化育苗的高效优势，引出本次"竹子新品种创制与工厂化育苗参观体验"课程的主题，激发学生对竹子培育技术的兴趣。

2.自然教育研学活动

实验室参观：带领学生参观浙江农林大学的竹子新品种创制实验室，了解竹子新品种创制的原理与过程，包括基因编辑、组织培养等技术，让学生对竹子新品种创制技术有一个直观的认识。

小组讨论：组织学生分组讨论竹子新品种创制与工厂化育苗技术的意义与应用前景，鼓励学生结合所学知识，提出自己的见解与想法。教师在旁引导学生从环境保护、经济发展、科技进步等角度进行思考。

浙江农林大学竹子新品种创制实验室

3.评价反馈

学生自评：学生填写自评表，回顾自己在实验室参观体验中的表现，包括是否认真听讲、积极参与实践操作、能否提出有深度的问题等。

小组互评：小组成员之间相互评价，从团队协作、实践操作能力、知识掌握程度等方面进行评价。

教师评价：教师根据学生在实验室和育苗基地的表现，对学生的知识理解能力、实践操作能力、团队协作能力等进行综合评价。

（三）刨切微薄竹产品体验

1.课程导入

播放一段关于刨切微薄竹产品制作过程的视频，展示从竹材加工到成品制作的全过程，突出其高效、环保的特点。视频中可以穿插一些实际应用案例，如微薄竹在家具、装饰、工艺品中的使用。

教师提出问题，如"竹子是如何变成薄如蝉翼的微薄竹片的？""这种材料有哪些独特的性质和应用？"，以激发学生的好奇心和探索欲。

2.自然教育研学活动

产品观察：教师展示多种刨切微薄竹产品，如微薄竹书，让学生近距离观察产品的外观、质感和细节。通过实物展示，教师详细介绍刨切微薄竹的特性，如轻薄、柔韧、环保、耐用等，并解释这些特性如何使其在不同领域得到应用。

手工制作：提供一些简单的工具和材料（如剪刀、胶水、装饰用的小物件），让学生分组进行创意设计，将刨切微薄竹产品制作成小工艺品或装饰品。每个小组展示自己的创意作品，并分享设计理念和制作过程。

分组讨论：刨切微薄竹产品在现代生活中的应用前景，鼓励学生从环保、美学、经济等角度思考。

3.评价反馈

学生自评：学生填写自评表，回顾自己在参观和实践操作中的表现，包括是否认真听讲、能否正确使用设备、是否积极参与讨论等。自评表中设置开放性问题，如"你对刨切微薄竹技术最感兴趣的部分是什么？""你认为自己在实践操作中还需要改进的地方有哪些？"。

小组互评：小组成员之间相互评价，从团队协作、实践操作能力、知识掌握程度等方面进行评价。每个小组推选一名代表，总结小组在本次研学活动中的表现，分享小组的亮点与不足。

教师评价：教师根据学生在参观和实践操作中的表现，对学生的知识理解能力、实践操作能力、团队协作能力等进行综合评价。教师结合学生的自评和互评结果，为每位学生和小组提出具体建议，鼓励学生在后续学习中继续提升。

（四）竹文化体验之旅

1.课程导入

故事分享：教师讲述一个与竹子相关的传统故事，如"竹林七贤"的故事，引出竹文化在中国传统文化中的重要地位。

教师提出问题，如"竹子在中国文化中有哪些象征意义？""竹文化是如何影响我们生活的？"，激发学生的思考。

2.自然教育研学活动

竹文化内涵：浙江农林大学的文化专家为学生讲解竹文化的历史渊源、象征意义，以及在诗词、绘画、音乐、建筑等方面的应用。学生可以随时提问，专家现场解答，帮助学生更好地理解竹文化的内涵。展示竹文化相关的产品，让学生近距离感受竹文化的魅力。

竹工艺品制作体验：为学生提供竹编材料（如竹条、竹篾）和竹雕工具（如刻刀、砂纸）。邀请竹工艺师傅为学生讲解竹编和竹雕的基本技法，学生在师傅的指导下动手制作简单的竹工艺品。学生分组讨论竹工艺品制作过程中的难点和技巧，分享自己的创作心得。每个小组展示自己制作的竹工艺品，并分享创作过程中的感受和体会。

3.评价反馈

学生自评：学生填写自评表，回顾自己在竹文化知识讲座和竹工艺品制作中的表现，包括是否认真听讲、能否积极参与制作、能否分享自己的感受等。自评表中设置开放性问题，如"你对竹文化最感兴趣的部分是什么？""你在竹工艺品制作中遇到的最大困难是什么？"。

小组互评：小组成员之间相互评价，从团队协作、创意表达、文化理解等方面进行评价。每个小组推选一名代表，总结小组在本次研学活动中的表现，分享小组的亮点与不足。

教师评价：教师根据学生在竹文化知识讲座和竹工艺品制作中的表现，对学生的文化理解能力、创意表达能力、团队协作能力等进行综合评价。教师结合学生的自评和互评结果，为每位学生和小组提出具体建议，鼓励学生在后续学习中继续提升。

第三节　茶主题课程

一、课程名称

神奇的中国茶：从茶园到茶艺的自然探索

二、行前导读

（一）研学寄语

浙江农林大学茶学与茶文化学院在中国茶文化挖掘与整理、茶文学艺术呈现、茶空间设计、微茶庄园创新、茶文化国际推广与传播、茶树绿色防控和茶精深加工等方面形成了特色与优势。本课程以茶为主题，通过实地探访名茶园、学习茶道文化、体验制茶工艺及茶艺实践，引导学生感受自然与人文的和谐共生，培养环保意识、劳动精神及传统文化认同。

（二）阅读领航

推荐书目：《陆羽茶经（经典本）》

作者：王建荣

出版社：江苏凤凰科学技术出版社

推荐理由：本书以国家图书馆藏、南宋咸淳百川学海本为底本，参校包括文渊阁《四库全书》版《茶经》等多个版本，展示宋刻本原汁原味的形貌，让读者看到《茶经》的本真。读者看到的不再是成篇的文言文、一堆不认识的字，而是逐字逐句的解读，每个生僻字的注音，让读者不知不觉读完一本《茶经》。

（三）课程概述

1.课程理念

以浙江农林大学的茶文化成果为依托，结合劳动实践与文化传承，通过沉浸式体验，培养学生对茶文化的认知、对自然的敬畏及团队协作能力。

2.课程目标

知识目标：掌握茶树生长条件、制茶工序、茶艺演变等知识。

能力目标：提升动手能力（采茶、炒茶）、观察能力（土壤气候分析）、表达能力（茶艺展示）。

情感态度及价值观目标：培养热爱自然、尊重劳动、传承文化的价值观。

3.特色亮点

沉浸式体验：从茶园到茶席，全程动手实践。

文化深度：宋代点茶技艺与茶百戏创作，感受千年茶韵。

专家参与：国家高级茶艺师现场指导，提升课程专业性。

4.课程内容

时间安排	行程安排	课程内容	成长教育	地点
9:00—9:25	破冰游戏	茶叶产地拼图赛	学习茶叶地理知识，促进协作	茗茶园
9:30—10:30	采茶：茶之源	学习茶树生长、地理环境、节气知识；实践采摘龙井茶，掌握"一芽一叶"标准	热爱自然、科学探究	茗茶园
10:40—11:20	炒茶：茶之造	学习炒茶十大手法，体验辉锅流程，了解制茶六大工序	劳动精神、实践能力	16号学院楼
11:30—12:30	午餐时间			集贤食堂
13:00—13:45	茶叶包装：茶之藏	学习龙井茶传统滚包法，了解茶叶包装对品质的影响	细致耐心、审美情趣	16号学院楼
14:00—15:00	品茶：茶之饮	观看茶艺表演，学习历代饮茶方式演变，品鉴龙井茶并掌握冲泡技巧	学会分享、审美情趣	16号学院楼
15:10—16:00	点茶：茶之韵	宋代点茶技艺教学，体验茶百戏创作，学生代表向师长敬感恩茶	文化传承、学会表达	16号学院楼

茶主题课程研学地图

5.所需物资

采茶工具：斗笠、茶篓、手套。

制茶工具：炒锅、竹匾、茶筛。

包装材料：棉纸、麻绳、标签。

茶艺用具：茶具套装、品茗杯、点茶器具（茶筅、建盏）。

教学材料：茶树生长图鉴、制茶流程图。

三、课程实施

（一）采茶实践：茶之源

1.课程导入

通过展示茶树生长周期图，讲解茶树对地理环境、土壤气候的依赖，结合节气知识（如"明前茶"的由来），引导学生思考自然条件与茶叶品质的关系。

播放茶园生态视频，强调"一芽一叶"的采摘标准，激发学生对自然规律的敬畏。

2.自然教育研学活动

学生分组进入茶博园，穿戴斗笠、茶篓，在教师指导下进行采茶实践，观察茶树形态并记录土壤特性。

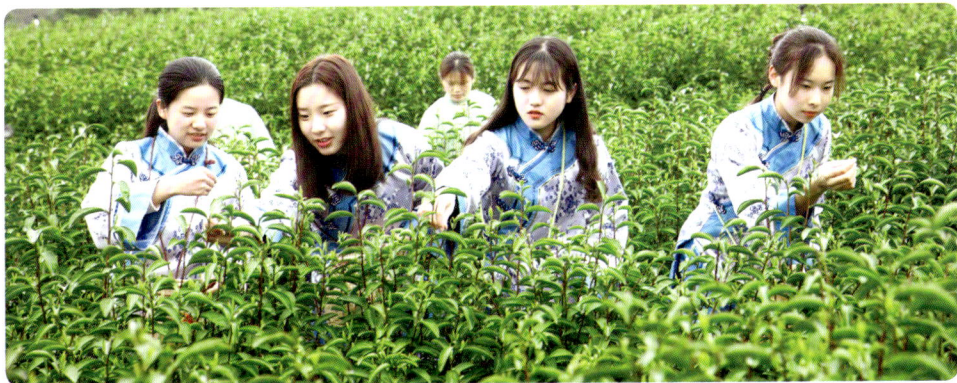

采茶

穿插问答互动："为什么同一茶园不同区域的茶叶品质不同？"引导学生分析光照、坡度等自然因素。

3.评价反馈

学生自评：填写表格，评估自身对采茶标准的掌握程度（如是否做到"轻捏轻提"）。

小组互评：根据团队协作效率（如分工合理性、采茶量）进行评分，提出改进建议。

教师评价：结合采茶成果（茶叶完整度）和观察记录（土壤分析），评定知识应用能力。

（二）炒茶体验：茶之造

1.课程导入

展示龙井茶"十大炒制手法"动态图，讲解杀青、揉捻、辉锅等工序的科学原理，强调温度与手法的精准控制。

提问互动："炒茶为何被称为'火中取宝'？"引发对劳动智慧与自然资源的思考。

2.自然教育研学活动

学生两人一组，在茶工坊体验辉锅流程，学习"抖、搭、捺"等基础手法，观察茶叶色泽与香气变化。

实验对比：炒制时间不同对茶叶口感的影响，记录实验数据。

采茶成果评价

炒茶成果评价

3.评价反馈

学生自评：根据炒茶动作规范性（如手腕力度）和实验结果（茶叶干燥度）自我打分。

小组互评：评价搭档的协作态度（如是否主动分担操作任务）。

教师评价：从手法熟练度、实验记录完整性两方面综合评分。

（三）茶叶包装：茶之藏

1.课程导入

通过案例分析（如保存不当导致茶叶霉变），讲解包装对茶叶保鲜的重要性，介绍传统棉纸、竹筒等环保材料的优势。

示范"滚包法"步骤，强调"紧实均匀"的包装原则。

2.自然教育研学活动

学生独立完成龙井茶的传统滚包，设计个性化标签（标注产地、采摘日期）。

延伸讨论："如何通过包装减少资源浪费？"鼓励提出环保创意。

3.评价反馈

学生自评：根据包装紧实度、标签设计美观度进行自我评价。

小组互评：评选"最具创意包装"并说明理由（如环保材料运用）。

教师评价：将成品质量（密封性）和环保理念融入程度打分。

（四）茶艺品鉴：茶之饮

1.课程导入

播放历代饮茶方式演变短片（唐代煎茶、宋代点茶、明清泡茶），讲解茶艺中的"温杯、高冲低斟"等手法内涵。

提问："为何不同水质影响茶汤口感？"引导学生联系自然水源特性进行分析。

2.自然教育研学活动

学生分组冲泡龙井茶，对比矿泉水、山泉水的茶汤差异，记录色、香、味变化。

模拟茶席礼仪，轮流担任"主泡手"，学习"凤凰三点头"等敬茶动作。

3.评价反馈

学生自评：从冲泡动作规范性、品鉴描述准确性（如"兰花香""回甘"）等方面进行反思。

小组互评：根据茶席礼仪表现（如敬茶姿态、语言表达）评分。

教师评价：综合茶汤品质、实验记录和礼仪表现给予反馈。

（五）宋代点茶与感恩仪式：茶之韵

1.课程导入

展示宋代《茶录》古籍片段，讲解点茶与禅宗文化的关联，介绍"茶百戏"的历史意义。

提问："为何宋代点茶强调'沫饽如雪'？"引导学生理解古人对自然的极致追求。

2.自然教育研学活动

学生使用茶筅击拂茶汤至起沫，创作"茶百戏"图案（如山水、花卉），并书写感恩寄语。

学生代表向师长敬茶，诵读感恩词，体会"茶礼"中的孝道文化。

3.评价反馈

学生自评：根据点茶沫饽细腻度、茶百戏创意性进行自我评估。

小组互评：评选"最具文化内涵作品"，评价团队配合流畅度。

教师评价：从技艺掌握（击拂力度）、文化理解（感恩词深度）和情感表达三方面评分。

泡茶

点茶

第四节　中药主题课程

一、课程名称

小小神农氏：探秘百味中药

二、行前导读

（一）研学寄语

以中草药为核心，学生将走进自然与文化的双重课堂，通过观察、实践与创造，学习药用植物的科学知识，体验传统中医药智慧，领悟人与自然和谐共生的深刻哲理。"一株草药藏乾坤，一剂良方承古今。"本课程以"识药—辨药—制药"为主线，引导学生在实践中探索中草药的奥秘，感受中医药文化的博大精深，培养科学思维与劳动精神。

（二）阅读领航

推荐书目：《中国药用植物图鉴》

作者：第二军医大学药学系生药学教研室

出版社：上海教育出版社

推荐理由：本书收录全国常用药用植物947种，包括1958年以来各地发现的部分新品种，按植物学分类的科属排列，每种除绘有原植物线条图外，并对其别名、产地、形态、药用部分、采收、成分及应用等作简要的叙述。本书帮助读者系统学习中草药分类、功效及传统应用。

（三）课程概述

1.课程理念

以自然为课堂，结合中医药文化传承与劳动实践，通过"观察—辨识—应用"的完整流程，培养学生生态保护意识、科学探究能力及文化认同感。

2.课程目标

知识目标：掌握药类植物的定义、分类及药用价值，理解中药在健康养生中的作用。

能力目标：提升观察能力（植物形态辨识）、动手能力（足浴包制作）、协作能力（小组实践）。

情感态度及价值观目标：树立尊重自然、珍视文化遗产的价值观。

3.特色亮点

沉浸式教学：实物展示与野外实践结合，强化直观认知。

文化融合：结合中医养生理论，连接传统智慧与现代生活。

成果导向：学生亲手制作足浴包，实现"学以致用"。

4.课程内容

时间安排	行程安排	课程内容	成长教育	地点
9:00—9:25	破冰游戏	药方拼图接力赛	学习经典方剂，锻炼团队协作	百草园
9:30—9:45	草药课堂：识百草	带队老师讲解药类植物的定义、分类、中药地位，展示图片与实物，分析生长环境与药用部位	科学探究、知识积累	百草园
9:50—10:40	草药猎人：辨真伪	学生分组进入百草园，在老师指导下辨识艾叶、薄荷、川芎等草药，记录形态特征与药用功效	观察能力、团队协作	百草园
10:50—11:30	足浴包制作：炼匠心	学习足浴包配方原理，亲手调配艾叶、桂枝、川芎等草药，装入布袋并设计包装标签	动手能力、创新思维	15号学院楼

中药主题课程研学地图

5.所需物资

教学工具：药类植物标本、高清图片、投影设备。

实践材料：艾叶、川芎、桂枝、棉布袋、标签纸、电子秤。

辅助工具：放大镜、记录手册、植物图鉴、安全剪刀。

防护用品：手套、口罩（处理干燥草药时使用）。

🌳 三、课程实施

（一）草药课堂：识百草

1.课程导入

通过《神农尝百草》动画短片或故事，引发学生对中草药的好奇心。

提问互动："你知道哪些中草药？它们有什么作用？"

展示实物标本（如艾草、薄荷、蒲公英），引导学生观察外形、气味、触感。

2.自然教育研学活动

五感体验：学生分组观察、触摸、嗅闻草药标本，手绘"草药档案卡"，加入名称、特征、功效等信息。

文化探究：结合《本草纲目》节选，教师讲解"药食同源"案例（如枸杞、红枣）。

手绘草药档案卡

浙江农林大学中药标本馆

角色扮演：模拟"小小中医师"，为虚拟病症（如感冒、失眠）推荐草药。

3.评价反馈

学生自评：填写学习反思表——"我能说出至少5种草药的特征和用途。"

小组互评：小组合作评分表（1～5分）——"成员是否积极参与讨论和任务分工？"

教师评价：通过问答、任务卡完成度评分。

（二）草药猎人：辨真伪

1.课程导入

展示"真假草药案例"（如金银花与断肠草对比），提问："如何避免误采有毒植物？"

发放"草药猎人任务卡"，预告野外探索的挑战与安全守则。

2.自然教育研学活动

实地考察：在百草园中，分组寻找任务卡上的目标草药（如鱼腥草、车前草）。

辨伪挑战：提供相似植物（如茵陈蒿与艾草），使用放大镜观察叶脉、花序的差异。

安全科普：学习"野外避险三原则"（不尝不明植物、戴手套、结伴行动）。

3.评价反馈

学生自评：填写学习反思表（是否掌握了3种以上辨别相似植物的方法）。

小组互评：评价搭档的协作态度（如是否主动分担操作任务）。

教师评价：野外辨识准确率。

（三）足浴包制作：炼匠心

1.课程导入

情景模拟："家人劳累后如何用中草药调理？"——引出足浴养生的文化意义。

播放中医师调配足浴包的视频，强调"对症下药"的科学性。

寻找任务卡上的目标草药

中药配伍实验

2.自然教育研学活动

配伍实验：根据体质（如祛湿、安神），选择艾叶、红花、生姜等药材，学习比例调配。

手工制作：用无纺布袋封装草药，设计个性化标签（注明功效、使用禁忌）。

成果展示：小组分享配方设计理念，模拟"养生市集"推广足浴包。

3.评价反馈

学生自评：填写学习反思表（足浴包设计是否科学？使用说明是否清晰？）

小组互评：评价足浴包配方是否合理，并说明理由。

教师评价：足浴包配伍的科学性。

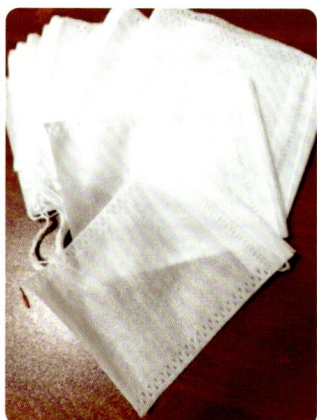
中药足浴包

第五节　农耕主题课程

一、课程名称

大地学堂：四季农耕与生态成长

二、行前导读

（一）研学寄语

土地是最真实的课堂，种子是最朴素的老师。让我们以双手触摸泥土，用脚步丈量田野，在播种与收获中感受生命的轮回，领悟人与自然的共生之道。

（二）阅读领航

推荐书目：《大自然的日历》

作者：普里什文

出版社：北京大学出版社

推荐理由：作者将其思想和感情从美学的角度潜入对世界的原初和根本，即对大自然的敬畏和热爱之中。通过诗意文字描绘四季农耕与自然观察，启发学生以生态视角理解农业文明。本书虽名为《大自然的日历》，却不是对大自然的机械记录，还交织了作者对生活、人生以及人性的思考，诚挚而不造作。

（三）课程概述

1.课程理念

以"劳动实践+生态观察"为核心，通过农耕体验与自然探究，培养学生对土地的情感、对生命的敬畏及可持续发展的生态观。

2. 课程目标

知识目标：掌握基础农耕技术（翻土、播种、堆肥）与作物生长周期；理解农田生态链（土壤、昆虫、作物、人类的关系）。

能力目标：提升动手实践、团队协作与问题解决能力；学会使用工具观察自然现象（如土壤剖面、昆虫行为）。

情感态度及价值观目标：培养尊重劳动、珍惜粮食的意识；树立"人与自然和谐共生"的生态价值观。

3. 特色亮点

四季农耕实践：分季节设计种植任务（春播、夏耘、秋收、冬藏）。

生态链沉浸观察：微型生态圈内观察生物多样性。

劳动成果社会化：将收获的农作物捐赠给社区食堂，深化社会责任感。

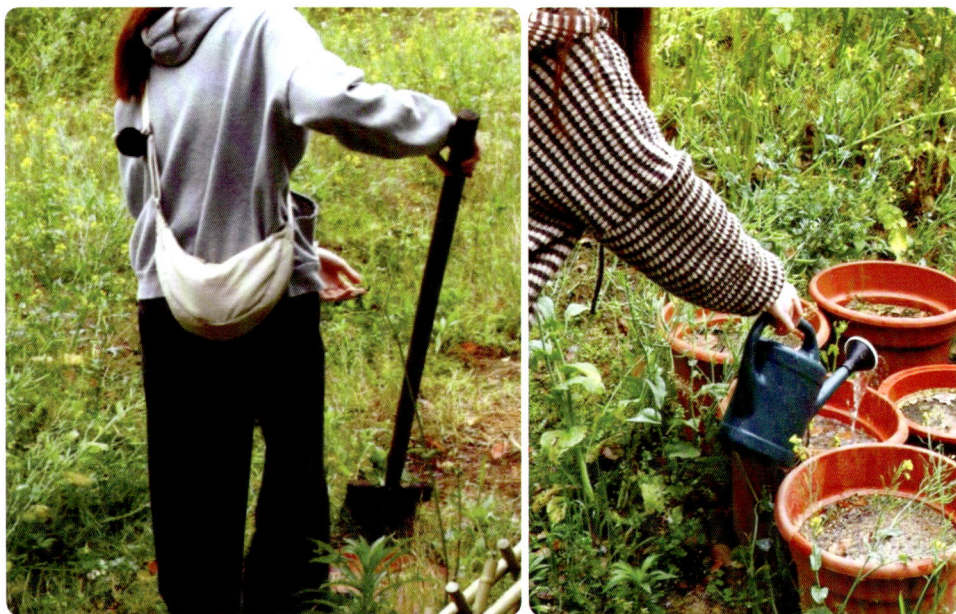

农作体验

4.课程内容

时间安排	行程安排	课程内容	成长教育	地点
9:00—9:25	破冰游戏	抢收大作战	模拟丰收场景，锻炼反应能力和分工协作能力	农作园
9:30—9:50	科技农耕实验室探秘	参观学校浙江省农产品品质改良技术研究重点实验室，了解农产品品质遗传改良技术研究成果与农产品品质调控技术研究成果	科学探究＋知识积累	国家重点实验室
10:00—10:30	种子密码与生命启蒙	解剖种子结构，设计"种子盲盒"种植实验	生命科学探究＋创新思维	国家重点实验室
10:40—11:30	农田生态链侦察兵	观察蚯蚓、瓢虫等益虫，制作食物链模型	生态思维＋数据分析	农作园
11:40—12:40	午餐			集贤食堂
13:00—14:30	农事劳动与成果仪式	分组收割作物，举办"感恩大地"分享会	团队协作＋感恩教育	农作园

5.所需物资

种植工具：种子盲盒（不同作物种子）、育苗盘。

观察工具：手持显微镜、昆虫观察盒、土壤pH试纸。

记录工具：自然笔记手账本、彩色标签贴。

安全物资：急救包、防晒草帽、劳保手套。

农耕主题课程研学地图

三、课程实施

（一）科技农耕实验室探秘

1.课程导入

问题链引导："为什么同一品种的番茄有的更甜？科学家如何'改造'农作物？"播放3分钟微视频《基因编辑：农业的隐形工程师》。

实物展示：对比普通水稻与抗病改良水稻的植株标本。

2.自然教育研学活动

分子育种区：观察PCR仪、基因测序设备，了解分子标记辅助育种技术。

品质分析室：学习糖度仪等仪器检测水果甜度与硬度的原理。

组培实验室：观看脱毒马铃薯苗的离体培养过程。

互动问答：实验室专家解答"转基因与基因编辑的区别"。

3.评价反馈

学生自评：完成"我的科学发现卡"，填写最震撼的实验技术（如基因测序/组培技术）。

小组互评：投票选出"最佳品质改良方案"（包含技术名称+预期效果）。

教师评价：根据实验操作规范性、提问深度及方案创新性评分。

（二）种子密码与生命启蒙

1.课程导入

游戏"种子猜猜乐"：盲摸布袋中的种子，猜测作物名称。

2.自然教育研学活动

实验1：解剖豆类种子，绘制子叶、胚芽结构图。

实验2：设计"种子盲盒"（随机种植3种种子）。

3.评价反馈

学生自评：完成"我的种子观察日记"一页。

小组互评：互评盲盒种植方案的科学性。

教师评价：评估实验记录的逻辑性与创新性。

（三）农田生态链侦察兵

1.课程导入

播放短片《蚯蚓的地下城市》，讨论："谁是农田里的无名英雄？"

2.自然教育研学活动

任务1：采集土壤样本，寻找蚯蚓并记录数量。

任务2：用纸板制作"农田食物链金字塔"，粘贴生物图片。

3.评价反馈

学生自评：勾选观察到的生物种类（瓢虫/蚯蚓/蜘蛛等）。

小组互评：投票选出"最完整的食物链模型"。

教师评价：点评生态观察的细致程度与推理能力。

（四）农事劳动与成果仪式

农作物种植

1.课程导入

朗诵古诗《悯农》，讨论"一粒米的生命旅程"。

2.自然教育研学活动

任务1：分组进行农作物种植。

任务2：用收获的蔬菜制作沙拉，举办"感恩大地"分享会。

3.评价反馈

学生自评：填写"劳动成就感量表"（1～10分）。

小组互评：互赠"农田伙伴勋章"（环保材料制作）。

教师评价：综合劳动态度、技能与分享环节的表现评分。

第六节　植物园艺主题课程

一、课程名称

绿野寻踪：走进绿色世界，探秘植物王国

二、行前导读

（一）研学寄语

每一片叶子都是自然的密码，每一朵花都是生命的诗篇。走进浙江农林大学的绿色王国，用眼睛观察形态，用手掌触摸纹理，用鼻子捕捉芬芳，用心感受植物与人类共生的智慧。期待你们化身"植物探险家"，在探索中发现自然之美，在合作中传递生态力量！

（二）阅读领航

推荐书目：《植物知道生命的答案》

作者：丹尼尔·查莫维茨

出版社：长江文艺出版社

推荐理由：《植物知道生命的答案》是一本引人入胜的科普读物。作者以其独特的视角和丰富的专业知识，带领读者走进植物的世界，探索植物生命的奇妙之处。通过趣味实验揭示植物感知世界的科学原理，为园艺实践提供生物学视角的启发。

（三）课程概述

1.课程理念

以"认知—体验—创造"为主线，融合植物学、生态学、艺术美学与劳动教育，打造沉浸式自然学习场景。

2.课程目标

知识目标：认知10种有代表性植物的特征及生态价值，理解植物与环境的共生关系。

能力目标：提升观察记录、团队协作与创造性解决问题的能力。

情感态度及价值观目标：培养生态保护意识，感悟生命共同体的意义。

3.特色亮点

全国高校植物资源之最：依托约3300种植物开展"校园植物大发现"。

五感沉浸体验：融合植物盲盒、拓印创作、生态瓶设计等趣味环节。

跨学科挑战：结合数学统计、艺术设计、科学实验多维度探索。

4.课程内容

时间安排	行程安排	课程内容	成长教育	地点
9:00—9:25	破冰游戏	植物猎人	通过互动加深对植物的了解	园林实训基地
9:30—10:30	植物五感社	植物特征解密与感知游戏	观察力、分类能力	园林实训基地
10:40—11:30	植物艺术工坊	植物拓印/叶脉书签制作	艺术创造力	红房子
11:40—12:40	午餐			西径食堂
13:00—13:45	生态实验室	微生态瓶设计与水土实验	科学探究能力	红房子
14:00—15:00	生态微景观设计师	设计苔藓微景观，融合雨水回收系统模型	美学创造＋工程思维	园林实训基地

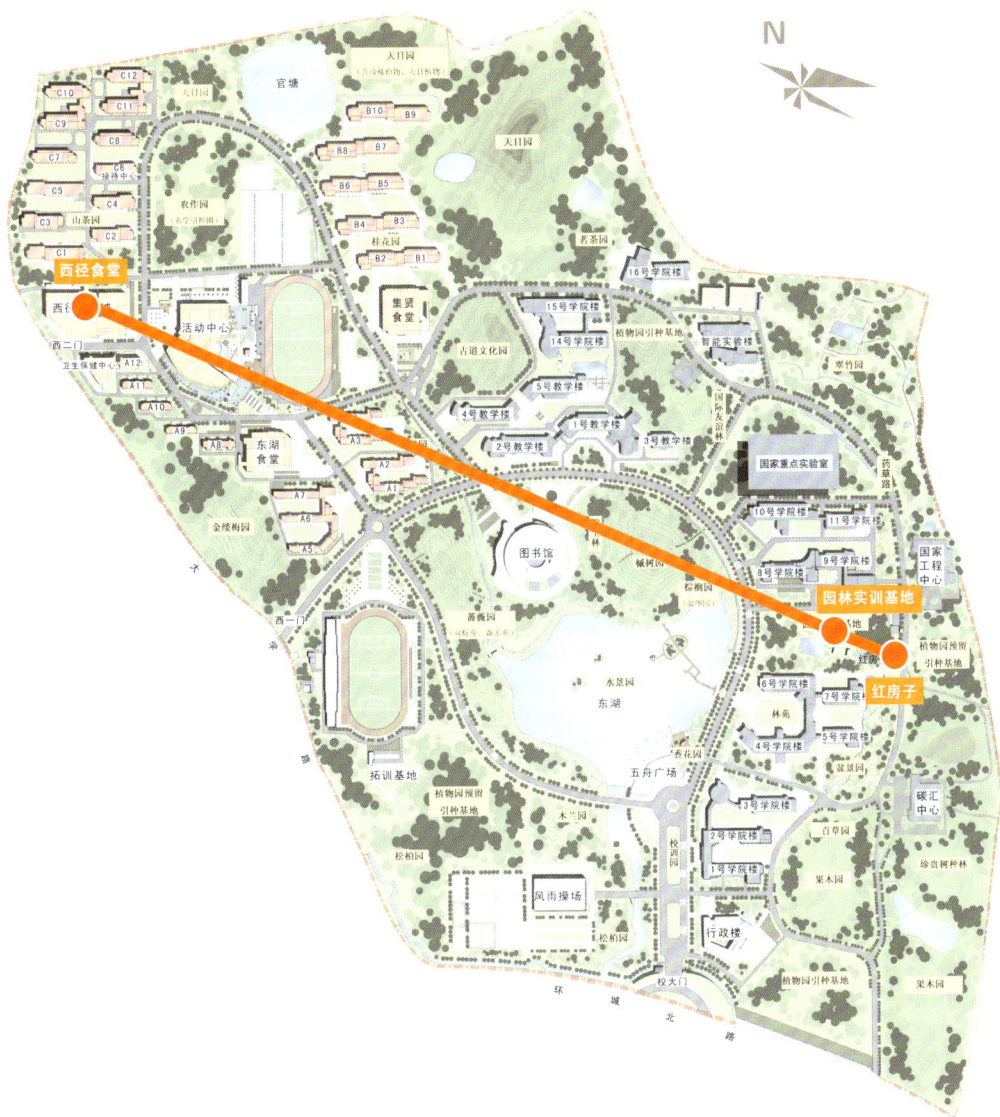

植物园艺主题课程研学地图

5.所需物资

植物识别工具：学习手册、植物图鉴卡片、放大镜、标本袋。

拓印工具包：棉布、木槌、天然颜料。

生态瓶材料：玻璃罐、活性炭、苔藓、迷你植物。

园艺工具：小铲子、植物苗、营养土。

三、课程实施

（一）东湖五感社

1.课程导入

播放《植物王国》短视频，提出挑战："谁能最快破解校园里的植物密码？"

2.自然教育研学活动

任务1：带队老师、大学生依次介绍所经过区域内的植物。这些植物种类包

校园植物识别

收集感官材料

括但不限于树木、花草、灌木等，每一种都有其独特的生长习性和生态价值。通过这种形式，我们希望学生们能够更加深入地了解和认识这些植物，增强他们的自然观察力和生态保护意识。

任务2：引导学生将收获的五感有形地记录在探索笔记上。这些包括他们看到的植物形态、听到的鸟鸣声、闻到的花香、触摸到的树皮质感，甚至是尝到的野果味道。通过这种方式能够更加全面地感受和理解自然环境，同时能够锻炼他们的观察能力和表达能力。

任务3：引导学生收集感官材料。这些材料可以是他们在路上看到的特别的树叶、花朵，也可以是他们捡到的石头、树枝。这些材料不仅可以作为他们探索笔记的补充，也可以作为他们创作自然艺术作品的素材。

3.评价反馈

学生自评：完成"我的发现日志"星级评分。

小组互评：投票选出"最佳五感小队"。

教师评价：从科学性、艺术性维度给予反馈。

（二）植物艺术工坊

1.课程导入

展示植物脉络标本，提问："如何把一片叶子变成永恒的艺术品？"

2.自然教育研学活动

活动1：捶草拓印——用木槌将新鲜植物的色素拓印在棉布上。

活动2：叶脉书签制作（使用碱性溶液腐蚀叶肉，保留网状叶脉）。

3.评价反馈

学生自评：用3个关键词描述作品灵感来源。

小组互评：举办微型艺术展，互赠"创意勋章"。

教师评价：关注环保材料的使用与创意表达。

植物拓染

（三）生态实验室

1.课程导入

情景假设："如果地球只剩下一种植物，人类能否生存？"

2.自然教育研学活动

实验1：对比不同土壤（校园沙土/腐殖土）对种子发芽的影响。

实验2：设计自循环生态瓶，观察植物–微生物共生系统。

3.评价反馈

学生自评：填写实验假设验证表（√/×）。

小组互评：组间交换生态瓶进行观察。

教师评价：侧重科学思维与数据记录规范性。

设计自循环生态瓶

（四）生态微景观设计师

1.课程导入

案例展示：赏析新加坡滨海湾花园垂直绿化设计，讨论"城市如何与植物共生"。

2.自然教育研学活动

任务1：用苔藓、蕨类植物、砂石制作掌上雨林生态微景观。

任务2：为微景观设计"雨水循环系统"（导管+微型水泵）。

3.评价反馈

学生自评：拍摄作品并附设计理念说明（限3句话）。

小组互评：互赠"生态美学勋章"（贴纸形式）。

教师评价：综合美观性、生态功能性与技术合理性进行打分。

第七节　山地户外运动主题课程

🌱 一、课程名称

山野寻踪：山地户外生存与自然探索课程

🌱 二、行前导读

（一）研学寄语

自然是最好的课堂，山野是成长的阶梯。在挑战中学会敬畏，在合作中收获信任，在探索中感悟生命的力量。愿你们用脚步丈量大地，用智慧守护自然。

（二）阅读领航

推荐书目：《登山圣经》（第8版）

作者：美国登山协会

出版社：重庆出版社

推荐理由：涵盖户外安全、装备使用、技术操作与风险管理的权威指南，为课程实践提供理论支撑。

（三）课程概述

1.课程理念

"安全为本，技能为基，自然为友"，结合户外生存技能与自然生态教育，培养责任意识与探索精神。

2.课程目标

知识目标：掌握山地环境特征、风险识别方法、装备功能及技术原理。

能力目标：熟练操作绳结、岩降、溜索等技能，提升团队协作与应急处理能力。

情感态度及价值观目标：树立生态保护意识，培养坚韧的品质与敬畏自然的态度。

3.特色亮点

"技术+生态"双线并行：攀岩与岩壁生态观察结合，宿营与无痕山林理念实践结合。

情境化任务驱动：模拟山地救援场景，强化实战能力。

4.课程内容

时间安排	行程安排	课程内容	成长教育	地点
9:00—9:25	破冰游戏	装备盲盒猜猜猜	通过互动加深对山地装备的了解	风雨操场
9:30—10:30	山地安全课堂	环境风险评估、装备分类与穿戴	安全意识与基础认知	风雨操场
10:40—11:20	绳结与岩降实践	8种实用绳结、岩降技术操作	动手能力与风险控制	拓训基地
11:30—12:30	午餐			集贤食堂
12:40—13:50	山地行走与导航	地形图判读、野外徒步与方向定位	团队协作与环境适应	天目园
14:00—15:00	无痕宿营挑战	帐篷搭建、野外用火安全、垃圾管理	露营技巧	天目园

5.所需物资

装备类：头盔、安全带、主锁、静力绳、缓降器、指北针、急救包。

教学类：地形图、绳结教学板、生态观察记录卡。

安全类：卫星电话、对讲机、医疗担架。

山地户外运动主题课程研学地图

三、课程实施

（一）山地安全与绳结技术

1.课程导入

播放山难案例视频，讨论"哪些风险可提前规避"。

2.自然教育研学活动

任务1：分组辨识毒藤、滑坡迹象等风险点（图片+实地）。

任务2：绳结接力赛（限时完成营救场景的绳结组合）。

3.评价反馈

学生自评：填写"风险识别自查表"。

小组互评：根据绳结牢固度与速度评分。

教师评价：观察学生操作规范性并记录。

（二）岩降与生态观察

1.课程导入

展示岩壁苔藓样本，提问："垂直生态系统如何维系？"

2.自然教育研学活动

任务1：岩降中记录岩壁植物种类（拍照+简绘）。

绳结接力赛

岩降与生态观察活动

溜索

任务 2：模拟"盲降"挑战（蒙眼依赖队友指令下降）。

3. 评价反馈

学生自评：反思指令传达的清晰度。

小组互评：为"最佳沟通搭档"投票。

教师评价：评估技术动作与生态观察深度。

（三）无痕宿营与野外炊事

1. 课程导入

讨论："如何在野外减少人类活动痕迹？"

2. 自然教育研学活动

任务 1：用地图+指北针进行野外导航。

任务 2：用自然材料搭建临时庇护所（禁用钉子/塑料）。

任务 3：制作"零垃圾午餐"（食材全利用，包装带回）。

3. 评价反馈

学生自评：填写环保行为评分卡。

小组互评：评选"最具创意庇护所"。

教师评价：检查营地恢复原貌程度。

第八节 动物主题课程

🌿 一、课程名称

飞羽兽迹·生态密码：浙江农林大学动物王国探秘营

🌿 二、行前导读

（一）研学寄语

每一片羽毛都承载着生命的故事，每一双眼睛都映照着自然的智慧。走进浙江农林大学的动物世界，用科学之眼观察，用敬畏之心探索，用创意之手记录——你会发现，人类与自然从未如此亲近！

（二）阅读领航

推荐书目：《中国鸟类图鉴》《DK动物生活大百科》《我的野生动物朋友》

作者：赵欣如、大卫·伯尼、蒂皮·德格雷

出版社：商务印书馆、新世纪出版社、云南教育出版社

推荐理由：《中国鸟类图鉴》是一本适于在中国境内开展野外鸟类研究与观察的工具书，它能够帮助读者快速识别鸟的种类，并及时了解其生物学与生态学的简要特征，包括鸟类分布的时空特征。《DK动物生活大百科》用高清图片加趣味知识激发读者对生活中各种事物的探索欲。《我的野生动物朋友》通过人与动物共处的真实故事，培养读者的生态共情。

浙江农林大学昆虫博物馆标本展示

（三）课程概述

1.课程理念

科学＋艺术＋生态伦理：以标本馆为知识载体，以实验室为实践平台，以校园生态为观察场域，构建"认知—体验—反思"三位一体学习模式。

2.课程目标

知识目标：掌握鸟类分类特征、动物标本制作原理、生态监测技术基础。

能力目标：提升观察记录、实验操作、团队协作与自然艺术表达能力。

情感态度价值观目标：树立生命敬畏意识，理解生物多样性保护意义。

3.特色亮点

标本室游览：专家讲解标本采集故事。

"小小兽医师"体验：在动物健康检测中心操作简易检测设备。

"生态盲盒"挑战：利用骨骼标本碎片进行物种复原推理。

动物主题课程研学地图

4. 课程内容

时间安排	行程安排	课程内容	成长教育	地点
9:00—9:10	破冰游戏	动物版"你画我猜"	用肢体和绘画激发创造力	五舟广场
9:20—10:20	标本馆探秘（鸟类适应性解密）	角色扮演"动物侦探"，通过标本特征破解生态谜题	形态学分类能力	2号学院楼
10:30—11:00	骨骼拼图赛	拼装鸟类骨骼模型并解说其生存适应性	结构功能认知	2号学院楼
11:15—12:15	午餐+自然笔记创作			
12:30—13:15	微观实验室（寄生虫观察）	使用显微镜观察寄生虫标本，制作简易驱虫香囊	科学探究能力	2号学院楼
13:30—15:30	观鸟大作战+成果展示	分组竞赛记录鸟类，绘制《校园鸟鸣地图》	生态观察技能	水景园

5. 所需物资

专业工具：显微镜、羽毛标本盒、动物听诊器（实验中心提供）。

消耗品：石膏骨骼拼图、驱虫草药包、生态手账本。

安全装备：儿童防护手套、防眩光护目镜。

技术工具：便携式分贝仪（监测观鸟安静度）、鸟类声纹识别App。

🌳 三、课程实施

（一）标本馆探秘

1.课程导入

播放朱曦教授野外工作纪录片片段，抛出问题：“为什么红腹锦鸡的羽毛在演化中如此艳丽？”

2.自然教育研学活动

任务1：根据尾羽长度、喙部形状等特征匹配雉类标本与栖息地卡片。

任务2：寻找“伪装大师”（如角蝉多具拟态，有似植物的刺或突起），分析其生存策略。

3.评价反馈

学生自评：完成“我的发现”思维导图。

小组互评：投票选出最佳观察报告。

教师评价：根据特征识别准确度赋分。

（二）微观实验室（寄生虫观察）

1.课程导入

情境创设：展示一张宠物狗因寄生虫感染导致皮肤溃烂的照片，抛出问题“为什么看似健康的动物会突然生病？如何用科学手段守护动物健康？”。

互动提问：“寄生虫是‘坏蛋’吗？它们在生态系统中是否也有作用？”“如果让你当一天兽医师，你会如何检测动物健康？”

2.自然教育研学活动

活动1：显微镜下的“隐形杀手”。

任务说明：使用动医实验中心的显微镜，观察常见寄生虫标本（如蛔虫卵、跳蚤口器、蜱虫肢体）。

对照寄生虫特征卡，记录不同寄生虫的形态特点及宿主类型。

趣味设计："找不同"挑战，提供两张相似寄生虫标本（如犬绦虫与猫绦虫），小组竞速辨识差异。"寄生虫家族树"，根据观察结果，将寄生虫标本按寄生方式（体内/体外）分类贴至展板。

活动2：小小兽医师实战。

模拟诊疗：使用动物健康检测中心的简易设备（如粪便浮聚法工具包），分组检测模拟"患病动物"样本（预埋染色塑料寄生虫模型）。根据检测结果填写动物健康报告单，提出防治建议（如驱虫频率、环境消杀措施）。

延伸讨论："如果野生动物感染寄生虫，人类是否应该干预？为什么？"

活动3：驱虫香囊DIY

实践操作：提供艾草、薄荷等天然驱虫草药，学生按比例配制个性化香囊。标注香囊适用场景（如露营防蚊、宠物窝驱虫），理解生物防治原理。

3.评价反馈

学生自评：在《实验室手册》勾选"我能辨识3种以上寄生虫""我理解了检测流程的科学逻辑"。

小组互评：组内互评"最佳观察员"（依据记录翔实程度）、"最严谨兽医师"（依据报告规范性）。

教师评价：根据显微镜操作规范性（40%）、检测报告完整性（40%）、香囊设计实用性（20%）打分。

动物检测

香囊制作

（三）观鸟大作战

1.课程导入

聆听校园鸟鸣音频盲猜鸟种类，引入"鸟类语言密码"概念。

2.自然教育研学活动

活动1：使用《校园观鸟指南》辨识白鹭、灰喜鹊等5种目标鸟。

活动2：录制鸟鸣声并标注行为（求偶/警戒/觅食）。

3.评价反馈

学生自评：填写"我的观鸟成就清单"。

小组互评：互审记录数据科学性。

教师评价：综合物种识别准确率与记录完整性打分。

浙江农林大学青鸢社团观鸟活动

第九节　木工主题课程

一、课程名称

"木"趣横生：木工艺术探索与生态实践

二、行前导读

（一）研学寄语

每一块木头都是自然的馈赠，每一次打磨都是对生命的敬畏。让我们用双手赋予废弃木材新生命，在实践中感悟可持续发展的真谛。

（二）阅读领航

推荐书目：《最简单的家庭木工》

作者：（日）地球丸木工编辑部

出版社：化学工业出版社

推荐理由：本书介绍了木材、配件和木工工具的基础知识，还介绍了木工制作的基本流程，并配有详细的制作步骤图解及文字说明，让读者一学就会，轻松玩转木工。

（三）课程概述

1.课程理念

以"自然材料循环利用"为核心，通过木工实践引导学生理解资源可持续性，培养"动手能力＋生态意识＋团队协作"的综合素养。

2.课程目标

知识目标：掌握5种常见木材（杉木、松木、竹材等）的特性与用途。理解木工工具（手锯、刨子、砂纸等）的工作原理及安全规范。

能力目标：掌握2～3种基础木工技法（切割、打磨、拼接等）。小组合作设计并制作兼具实用性与环保性的木制品。

情感态度及价值观目标：形成"变废为宝"的环保思维，增强对自然资源的珍惜意识。通过团队协作，培养责任感与分享精神。

3.特色亮点

自然教育融合：课程贯穿"林区观察—材料收集—创作实践"完整生态链。

跨学科实践：结合生物学（木材结构）、物理学（工具力学）、美学（设计思维）。

成果可延续：学生作品（如生态箱）将用于校园绿化项目，体现实践价值。

4.课程内容

时间安排	行程安排	课程内容	成长教育	地点
9:00—9:25	破冰游戏	工具盲盒工匠挑战	熟悉木工工具，快速破冰互动	园林实训基地
9:30—9:40	参观国家木质资源综合利用工程技术研究中心	解析不同树种的生态适应性	接触木材科学与技术的前沿领域	国家工程中心
9:50—10:10	木材生态知识讲座	木材分类与特性讲解，互动问答	生态认知与环保意识提升	国家工程中心
10:15—10:45	木工基础与安全实践	工具认知，安全操作演练，分组练习切割与打磨，制作简易木制铭牌	科学环保、实践能力	红房子
10:50—11:50	自然材料采集	林区徒步观察树木生长状态，收集废弃树枝、树皮，记录生态笔记	热爱自然、勇于探究	天目园
12:00—12:55	午餐			集贤食堂
13:00—14:25	创意木艺制作	小组合作利用废弃木材搭建昆虫旅馆	审美情趣、团队协作	红房子
14:30—15:00	评价反馈与成果展示	小组汇报设计理念，三方评价与颁奖仪式	思维发展与情感激励	红房子

木工主题课程研学地图

5.所需物资

工具类：手锯（10把）、砂纸（不同目数各20张）、木工胶（无毒型10瓶）、护目镜（20副）。

材料类：杉木边角料（5千克）、松果/树皮（林区采集）。

辅助类：自然观察记录表、设计图册、急救箱。

三、课程实施

（一）木工基础与安全

1.课程导入

播放微视频《工具的历史》，展示从石器时代到现代木工工具的演变，引发学生兴趣。

2.自然教育研学活动

任务1：木材分类与特性讲解。参观浙江农林大学国家木质资源综合利用工程技术研究中心，了解木材的分类与应用。

任务2：工具实操。学生分组练习手锯切割（木条切至5厘米段）、砂纸打磨棱角。教师随时关注工具收纳、操作姿势，通过者获"安全小卫士"贴纸。

3.评价反馈

学生自评：填写技能掌握表（1～5分评分，切割精度、工具整理）。

小组互评：组内互评合作态度（如主动协助他人、遵守安全规则）。

教师评价：记录操作规范性，重点标注需改进的学生（如握锯姿势错误）。

木工操作

（二）自然材料采集

1.课程导入

林区实地讲解："树木年轮与气候变化的关系"，引导学生触摸树皮、观察纹理。

2.自然教育研学活动

材料收集：每组采集3种废弃木材（如枯枝、脱落的树皮），记录采集位置与环境。

生态笔记：绘制简易树木结构图，标注木材用途（如树皮可作装饰）。

3.评价反馈

学生自评：反思采集过程是否遵循环保原则（如是否伤害活体植物）。

小组互评：根据自然观察记录表对完整性打分（满分10分）。

教师评价：检查材料利用率与生态笔记科学性，评选"自然观察达人"。

（三）创意木艺制作

收集废弃材料制作昆虫旅馆

1.课程导入

案例分析：展示往届学生作品（如鸟类喂食器），分析设计中的生态功能。

2.自然教育研学活动

设计与分工：小组讨论昆虫旅馆结构（分层设计、孔径大小），分配切割、拼接、装饰任务。

实践制作：使用采集材料拼接主体框架，用树皮装饰表面，预留昆虫入口。

3.评价反馈

学生自评：填写团队贡献表（个人在设计、制作中的具体角色）。

小组互评：从"创意性、实用性、生态价值"三方面互评（每项1～5分）。

教师评价：综合评分表（设计占比30%、工艺占比40%、环保理念占比30%）。

第十节　建造主题课程

一、课程名称

绿野智造工坊：浙江农林大学生态建造师养成计划

二、行前导读

（一）研学寄语

从夯土竹篱到智慧园林，人类用双手与自然对话。在这里，你将化身"生态建造师"，用3D打印技术复刻古建智慧，用园林模型传递山水诗意，用实践丈量人与自然的共生边界！

（二）阅读领航

推荐书目：《造房子》

作者：王澍

出版社：湖南美术出版社

推荐理由：普利兹克奖得主解读传统建筑与自然的融合哲学。从宋代山水画的意境，到明清园林的审美情趣，作者深入剖析中国传统文化、艺术，更以建筑的角度，从中探寻传统文化、东方哲学的美学价值。

（三）课程概述

1.课程理念

自然美学＋工程技术＋文化传承：以传统建造技艺为根基，结合现代数字化工具，探索可持续生态建筑方案。

2.课程目标

知识目标：理解传统建筑结构原理、生态建材特性、园林空间设计法则。

能力目标：掌握3D建模基础操作、简易工程测绘工具使用、团队协作建造技能。

情感态度及价值观目标：感悟"天人合一"营造智慧，树立低碳建造责任意识。

3.特色亮点

"江南园林漫游"：通过模型漫游中国传统园林空间。

"古建复刻赛"：扫描斗拱模型后3D打印创新构件。

"竹构挑战"：利用校园竹材搭建承重结构。

4.课程内容

时间安排	行程安排	课程内容	成长教育	地点
9:00—9:30	破冰游戏	创意桥梁挑战	通过团队合作建造一座"桥梁"，促进沟通、激发创造力，并快速消除成员间的陌生感	园林实训基地
9:35—10:20	模型室探秘（解密留园廊道布局奥秘）	分析江南园林微缩模型，提取"借景""框景"手法	空间设计思维	4号学院楼
10:30—12:00	3D打印工坊（斗拱复刻与创新）	设计并打印3D斗拱模型	数字化制造能力	红房子
12:15—13:15	午餐+"建筑冷知识"趣味问答			东湖食堂
13:30—15:30	竹构工程师（榫卯结构教学）	分组搭建竹制生态亭，测试其抗风承重性能	工程实践能力	园林实训基地

5.所需物资

专业设备：激光测距仪、3D打印机。

消耗材料：竹材边角料、生物降解PLA打印线材、麻绳。

安全装备：防刺手套、护目镜、急救包。

技术工具：结构承重测试仪。

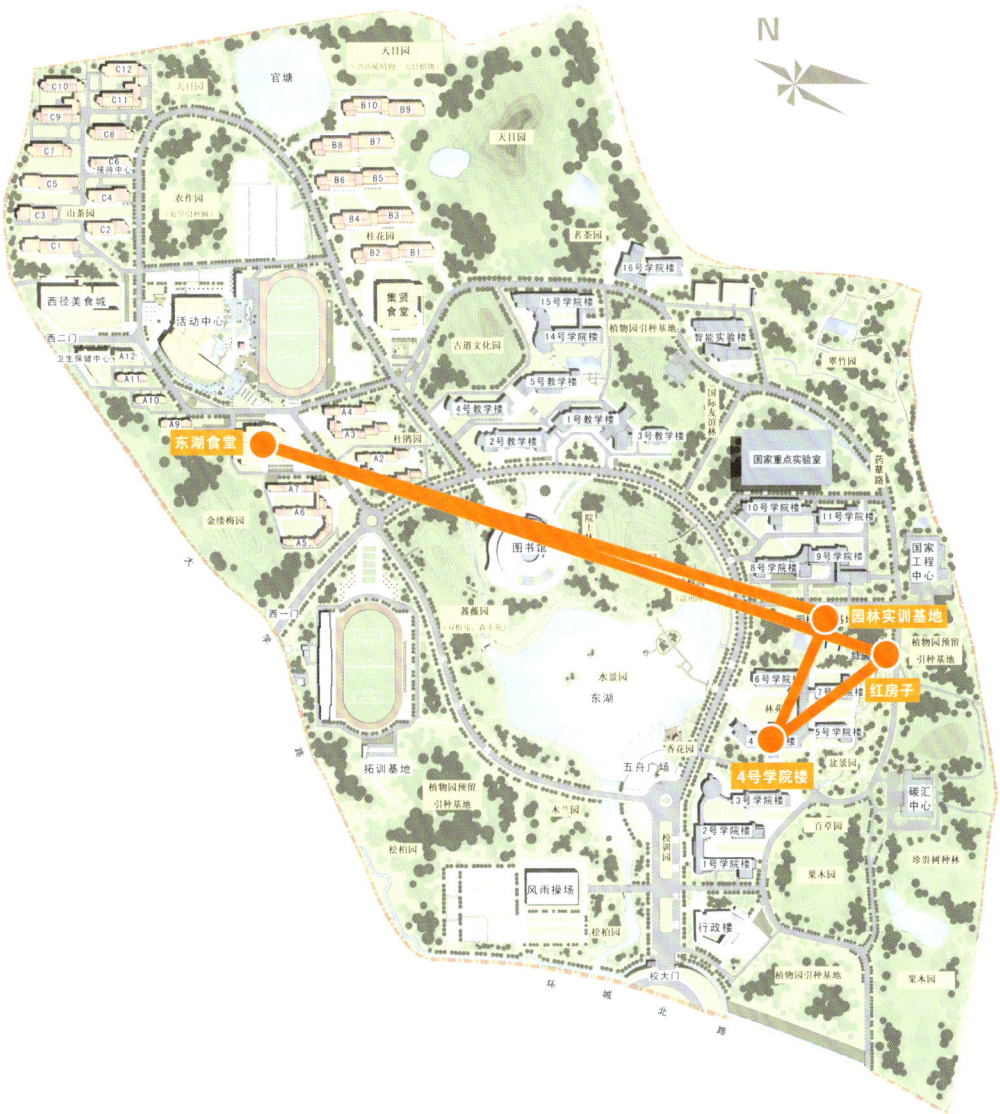

建造主题课程研学地图

⚘ 三、课程实施

（一）模型室探秘

1.课程导入

展示拙政园与教学楼走廊对比图，提问："现代建筑如何向古典园林'偷师'？"

2.自然教育研学活动

任务1：用红线标记微缩模型中的"视线引导路径"。

任务2：用手机广角镜头模拟"框景"效果，拍摄最佳构图。

3.评价反馈

学生自评：完成"空间魔法师自查表"（如"我发现3处障景设计"）。

小组互评：投票选出最具创意的框景摄影。

教师评价：根据空间分析准确性给予星级评价。

古典庭院模型

（二）3D打印工坊（斗拱复刻与创新）

1.课程导入

情境创设：展示故宫太和殿斗拱实物模型与3D打印斗拱构件的对比图，提问"600年前的木匠如何不用一根钉子搭建宫殿？现代科技能否让传统技艺'活'得更久？"

互动实验：发放木质斗拱拼装套件（简化版），限时3分钟尝试组装，感受传统结构的精妙。播放《我在故宫修文物》斗拱修复片段，强调"一榫一卯总关情"的文化价值。

2.自然教育研学活动

活动1：斗拱结构解密。

知识学习：通过斗拱模型，动态拆解"拱""昂""翘"等构件功能（如拱为横向承重，昂为出挑支撑屋檐）。对比不同朝代斗拱样式（唐的大气厚重与清的精巧繁复），理解力学与美学的平衡。

任务挑战：用纸条模拟斗拱层叠结构，测试其能承载多少本书（直观感受"层层分散压力"原理）。

活动2：数字化复刻。

建模实践：使用3D扫描仪获取传统斗拱点云数据，导入软件进行修复优化。调整打印参数（如填充率15%、层厚0.2毫米），适配PLA材料的力学特性。

创新设计：在斗拱表面添加生态纹样（如叶脉浮雕、鸟巢镂空），保存为STL格式文件。

活动3：实时打印观测。

技术观察：确保材料正确熔化并均匀分布。精确控制每一层的高度，确保层间结合良好。监控支撑结构的完整性，防止打印件倒塌。记录温度曲线（喷嘴210℃/热床60℃），讨论温度对成型质量的影响。

3.评价反馈

学生自评：填写"我的斗拱日志"（成功导出打印文件、理解至少2个结构术语、提出1项创新设计）。

小组互评：根据"传统还原度"（40%）+"创新合理性"（40%）+"团队协作"（20%）互评。

教师评价：从结构完整性（50%）、文化表达（30%）、技术操作（20%）三维度评分。

（三）竹构工程师

1. 课程导入

播放傣族竹楼抗地震视频，讨论："柔性材料为何比钢筋更'聪明'？"

2. 自然教育研学活动

挑战1：用麻绳与竹竿制作跨度为1米的拱桥（限重5千克）。

挑战2：用风扇模拟强风环境，测试结构稳定性。

3. 评价反馈

学生自评：填写"我的工程日志"（记录失败次数与改进方案）。

小组互评：根据"美观度、承重力、创新性"三项打分。

教师评价：综合结构力学与合理性评分。

参考文献

陈仕友，王秀珍，姜春前，等．推动中国自然教育高质量发展的路径与方向［J］．可持续发展经济导刊，2024（9）：43–46.

黄一峰.自然观察达人养成术［M］.北京：中信出版社，2013.

雷切尔·卡森.万物皆奇迹［M］.重阳，译.北京：北京大学出版社，2015.

理查德·洛夫.林间最后的小孩：拯救自然缺失症儿童［M］.自然之友，译.长沙：湖南科学技术出版社，2010.

李鑫，虞依娜.国内外自然教育实践研究［J］.林业经济，2017，39（11）：12–18，23.

林捷.可以玩一年的四季自然游戏［M］.长沙：湖南科学技术出版社，2023.

林昆仑，雍怡.自然教育的起源、概念与实践［J］.世界林业研究，2022，35（2）：8–14.

刘艳.自然教育指导师手册［M］.北京：中国林业出版社，2020.

陆庆祥，程迟.研学旅行的理论基础与实施策略研究［J］.湖北理工学院学报（人文社会科学版），2017，34（2）：22–26.

全国自然教育网络.自然教育通识［M］.北京：中国林业出版社，2021.

宋维明，高申奇.自然教育指南［M］.北京：中国林业出版社，2021.

徐仁修.自然四记［M］.北京：北京大学出版社，2014.

约翰·杜威.我的教育信条［M］.罗德红，杨小微，编译.上海：华东师范大学出版社，2015.

约瑟夫·克奈尔.共享自然：唤醒内在生命力的52个自然游戏［M］.林红，林衍夕，译.长沙：湖南教育出版社，2024.

约瑟夫·克奈尔.深度自然游戏［M］.李佳陵，肖志欣，译.长沙：湖南教育出版社，2019.

GEHRDES E. Nature as the Teacher：Exploring the Development and Growth of Nature Schools in the US［EB/OL］.［2024–10–20］.https：//scholarworks.merrimack.edu/soe_student_ce/11.

TILDEN F. 解说我们的遗产［M］.许世璋，高思明，译.苗栗：五角文化事业，2007.

TUHFATUL D，IBNU S M. Sekol AH Dasar Alam Inklusif Banjarbaru［J］.Jurnal Tugas Akhir Mahasiswa Lanting，2024，13（1）：86–98.

附录1 浙江农林大学东湖校区春季赏花地图

春日寻芳

浙江农林大学春季赏花地图

出品单位
大学生校园植物园研究协会、
植物园管理办公室、风景园林与建筑学院

协会介绍
和每一棵树握手，和每一株草私语，大学生校园植物园研究协会发扬浙江农林大学"校园、植物园两园合一"的特色，致力于探索校园植物园服务师生、辅助教学的新途径，并开展植物相关的各类活动，集聚众多植物爱好者。欢迎您的加入！

本地图提醒您：文明赏花，请勿攀折！

大学生校园植物园研究协会
ZAFU Campus Botanical Garden Research Association

赏花地图

N

1 南门
2 大西门
3 小西门
4 图书馆
5 A操场
6 B操场
7 集贤食堂
8 东湖食堂
9 西径食堂

0　50　100　　200m

说明：您可以通过地图上的点位寻找对应的植物。本地图内植物分类参考《浙江植物志（新编）》（浙江科学技术出版社2021年出版），仅收录了浙江农林大学植物园内部分春季观赏花卉。

01 陀螺果　安息香科　*Melliodendron xylocarpum*
落叶乔木；树干灰白色，光滑；花冠裂片5，粉白色，垂吊；核果木质，倒卵状梨形，形似陀螺；花期3月，果期8月；省重点保护植物。

02 细果秤锤树　安息香科　*Sinojackia microcarpa*
落叶灌木；主干侧枝基部粗壮，呈棘刺状；总状聚伞花序，花冠裂片5或6，白色，垂吊；果实细梭形；花期3-4月；国家二级保护植物。

03 刻叶紫堇　罂粟科　*Corydalis incisa*
一年生草本；叶片二回至三回羽状全裂，末回裂片具缺刻状齿；花序总状，花色渐变，蓝紫色至紫红色，稀淡蓝色；花期3-4月。

04 大花萱草　百合科　*Hemerocallis hybridus*
多年生草本；叶横截面成"V"字形；顶生聚伞花序，花茎高出叶片，有芳香，花冠漏斗状或钟状，花色丰富；花期6-8月。

05 洋水仙　百合科　*Narcissus pseudonarcissus*
多年生草本；鳞茎球形；花茎顶端具1花，花被片6，花被筒倒圆锥形，副花冠长筒状，边缘具皱缩齿；花色白色、黄色或橘色；花期3-4月。

06 黄山紫荆　云实科　*Cercis chingii*
落叶灌木；短侧枝常与主干近直角；叶片心形；花冠假蝶形，先花后叶，淡紫色，6～10朵簇生于老枝上，花量大；花期3-4月。

07 紫藤　蝶形花科　*Wisteria sinensis*

落叶木质藤本；奇数羽状复叶；总状花序长 15～30cm，下垂，花密集，紫色至深紫色，有香味，花叶同放，花量大；花期3-4月。

08 锦绣杜鹃　杜鹃花科　*Rhododendron × pulchrum*

半常绿灌木；叶片长圆形至披针形，集生枝顶；伞形花序顶生，花冠阔漏斗形，花色白色、粉色、玫红色；花期4-5月。

09 白花重瓣溲疏　绣球科　*Deutzia crenata* 'Candidissima'

落叶灌木；小枝中空，红褐色，疏生星状毛；叶片边缘具细锯齿；花纯白色，重瓣，圆锥花序生于叶腋，花量大；花期4-5月。

10 大花金鸡菊　菊科　*Coreopsis grandiflora*

多年生草本；茎直立；下部叶片羽状全裂；舌状花舌片宽大，全黄色至橙黄色，顶部有缺刻，管状花橙黄色；花期5-9月。

11 大滨菊　菊科　*Leucanthemum maximum*

多年生草本；茎直立；基生叶倒卵形至匙形；头状花序单生枝端，舌状花白色，管状花黄色，花色清秀；花期5-9月。

12 毛茛　毛茛科　*Ranunculus japonicus*

多年生草本；花茎直立，中空；基生叶圆心形或五角形；聚伞花序具多花，花瓣5，黄色，上面有油亮光泽；花果期4-6月。

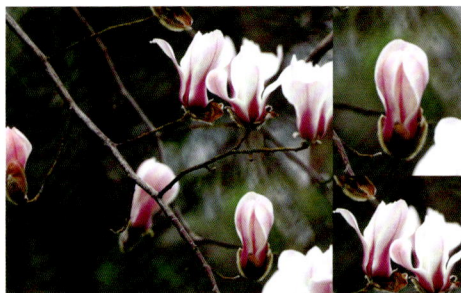

13 望春木兰　木兰科　*Yulania biondii*

落叶乔木；二年生枝绿色；花单生于枝顶，直立，花被片9，内两轮呈花瓣状，中下部紫红色，最外轮3枚花被片呈萼片状；花期3月。

14 玉兰　木兰科　*Yulania denudata*

落叶乔木；二年生枝灰褐色；花单生于枝顶，直立，花被片9，一型，白色，外面中下部偶有紫红色，花芳香；花期3月。

15 二乔玉兰　木兰科　*Yulania × soulangeana*

落叶小乔木；二年生枝紫褐色；花被片6～9，近一型，外面浅红色至深红色，内面白色，外轮3枚花被片常稍短；花期3月。

16 深山含笑　木兰科　*Michelia maudiae*

常绿乔木；叶背灰绿色，被白粉；花单生于叶腋，花被片9，纯白色，稀外轮外侧基部稍带淡红色，花芳香；花期2-3月。

17 杂交鹅掌楸　木兰科　*Liriodendron × sinoamericanum*

落叶乔木；叶具1～2对侧裂片，形似马褂；花黄色至淡绿色，杯状，内轮花被片6，形似郁金香，外轮花被片3，萼片状；花期4-5月。

18 紫叶李　蔷薇科　*Prunus cerasifera* 'Atropurpurea'

落叶小乔木；叶片紫红色；花1～2朵生于叶腋，粉白色，花萼紫红色，花叶同放；果实红色，酸甜；花期3-4月，果期8月。

19 美人梅 蔷薇科 *Prunus × blireana* 'Meiren'
落叶小乔木；是紫叶李与重瓣粉型梅花的杂交品种，拥有紫叶李的叶片色彩与梅花的花朵美貌；其他特征与梅花相似；花期 2–3 月。

20 现代月季 多品种 蔷薇科 *Rosa hybrida*
落叶灌木；1867 年之后，育种家通过不同月季品种、月季和蔷薇、月季与玫瑰之间反复杂交，培育出的大量月季新品种；花期 4–10 月。

21 梅 多品种 蔷薇科 *Armeniaca mume*
落叶小乔木；一年生枝绿色，小枝顶部有"小刺"；花常单生，花瓣白色至粉红色，花梗短，萼片通常红褐色；花期 2–3 月，果期 5–6 月。

22 垂丝海棠 蔷薇科 *Malus halliana*
落叶小乔木；树冠疏散，枝条开展；伞房花序，花梗细长，下垂，花粉红色；果实红色，梨形或倒卵形；花期 3–4 月，果期 9–10 月。

23 红叶碧桃 蔷薇科 *Amygdalus persica* 'Atropurpurea'
落叶小乔木；是桃的栽培品种，属于花桃类；新叶鲜红色；花梗短或近无梗，花半重瓣，淡红色；其余特征与桃相似；花期 3–4 月。

24 杏 蔷薇科 *Pruhus armeniaca*
落叶乔木；当年生枝浅红褐色，有光泽；花单生，花梗短，花白色至粉色，花萼红色，反折；花期 3 月，果期 5–7 月。

25 钟花樱　蔷薇科　*Cerasus campanulata*
落叶乔木；嫩枝绿色，无毛，伞形花序，具2～5花，垂吊，花淡红紫色，花瓣顶端有缺刻，萼筒钟状，先花后叶，花期2-3月。

26 关山樱　蔷薇科　*Cerasus serrulata* 'Sekiyama'
落叶灌木；属于晚樱品种；近伞形花序具3或4花，重瓣，瓣约30枚，粉色，花瓣顶端有缺刻，花叶同放；花期3-4月。

27 迎春樱　蔷薇科　*Cerasus discoidea*
落叶小乔木；嫩枝被疏柔毛或脱落无毛；伞形花序具2花，稀1或3，花粉红色，花梗与花萼红褐色，花瓣顶端有缺刻，先花后叶；花期3月。

28 染井吉野樱　蔷薇科　*Cerasus yedoensis* 'Somei-yoshino'
落叶乔木；嫩枝绿色，被疏柔毛；伞形状短总状花序具3或4花，白色或粉红色，花瓣顶端有缺刻，先花后叶；花期3-4月。

29 大寒樱　蔷薇科　*Cerasus kanzakura* 'Oh-kanzakura'
落叶乔木；伞形花序具3～5花，花茎中等，花粉红色，花梗较短，萼筒钟状，花瓣顶端有缺刻，先花后叶；花期3月。

30 黄木香　蔷薇科　*Rosa banksiae* f. *lutea*
落叶木质藤本；为木香的变种；奇数羽状复叶，小叶3～5枚，稀7枚；花小型，多朵成伞形花序，花重瓣，黄色；花期4月。

31珍珠绣线菊　蔷薇科　*Spiraea thunbergii*

落叶灌木；枝条弧形弯曲；聚伞花序生于叶腋，花白色；含苞待放时就像一颗颗珍珠，故得此名，别称喷雪花；花期3–4月。

32菱叶绣线菊　蔷薇科　*Spiraea × vanhouttei*

落叶灌木；叶片菱形，叶色黄绿色至蓝绿色、灰绿色；株型自然成球，质感较好；聚伞花序生于叶腋，花白色，量大；花期4–5月。

33黑果石楠　蔷薇科　*Photinia atropurpurea*

常绿乔木；树干通直，茎生棘刺；复伞房花序顶生，花序直径大，花量大，白色，无氨味；果实黑色；花期4–5月。

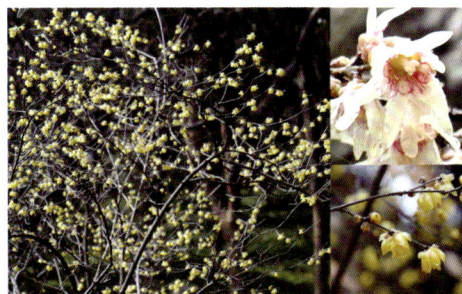

34蜡梅　蜡梅科　*Chimonanthus praecox*

落叶灌木；花单生于叶腋，花被2轮，外轮狭长，全黄色，内轮短小，具紫黑色或紫红色条纹，部分品种无，花香浓郁；花期12月至次年3月。

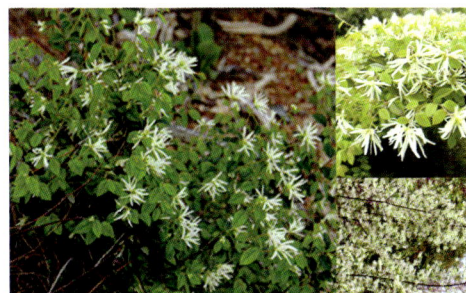

35檵木　金缕梅科　*Loropetalum chinense*

常绿灌木或小乔木；花3～8朵簇生，花瓣4，白色至淡绿色，条形，远观繁密醒目；全省低山丘陵广布，野外最常见的树种之一；花期3–4月。

36琼花　忍冬科　*Viburnum keteleeri*

落叶灌木；为绣球荚蒾的原种；复伞状花序，周围环绕8朵不育花，可吸引传粉者；内部为可育花，有雌雄蕊；花期4月。

37 绣球荚蒾　荚蒾科　*Viburnum keleleri* 'Sterile'
落叶灌木；是琼花荚蒾的品种；花纯白色，花序复伞形状圆球形，全部由大型不孕花组成，大而美丽，形似绣球，又称木绣球；花期4月。

38 粉团荚蒾　荚蒾科　*Viburnum thunbergianum* 'Plenum'
落叶灌木；花序圆球形，白色，与绣球荚蒾相似；区别在于前者叶片叶脉深陷，花序直径更小，花期相比较晚；花期4月。

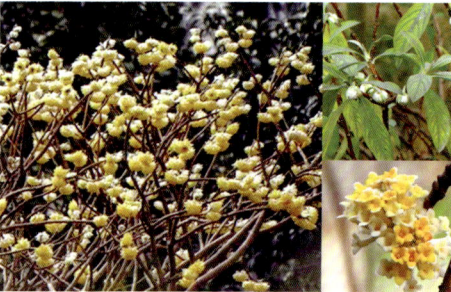

39 结香　瑞香科　*Edgeworthia chrysantha*
落叶灌木；小枝粗壮，棕红色，具皮孔，常三叉状分枝；皮部韧性强，可打结；头状花序，花黄色，香味浓郁；花期2-3月。

40 山茶　多品种　山茶科　*Camellia japonica*
常绿小乔木；树干灰白色，光滑；花型精致，花瓣层叠有序，花径较大，花色白色、粉色至红色；花期10月至次年5月。

41 芍药　多品种　芍药科　*Paeonia lactiflora*
多年生草本；下部茎生叶为二回三出复叶，上部茎生叶为三出复叶；花大而艳丽，品种众多，花色多样；花期4-6月。

42 牡丹　芍药科　*Paeonia × suffruticosa*
落叶灌木；叶通常为二回三出复叶，近枝顶的叶偶为3小叶；花大、色泽艳丽，素有"花中之王"的美誉，品种众多；花期4-6月。

43 圆锥绣球　绣球花科　*Hydrangea paniculata*

落叶灌木；圆锥状聚伞花序尖塔形，不育花较多，萼片4，花量大，单花花期长，常有颜色变化，由绿转白至淡红色；花期6-9月。

44 路易斯安娜鸢尾　鸢尾科　*Iris hybrid* 'Louisiana'

多年生草本；冬季常绿；叶基生，剑形；花茎高，直立坚挺，具有花4～6朵，花被裂片6，2轮，大而艳丽，色彩繁多；花期4-6月。

45 白蝴蝶花　鸢尾科　*Iris japonica* f. *pallescens*

多年生草本；叶基生，剑形；花被裂片6，2轮，白色至淡蓝紫色，外轮花被片中脉上有隆起的鸡冠状附属物；花期3-4月。

46 鸢尾　鸢尾科　*Iris tectorum*

多年生草本；叶基生，宽剑形；花被裂片6，2轮，浅蓝色至蓝紫色，外轮花被片中脉上有不规则的鸡冠状附属物；花期4-5月。

47 关节酢浆草　酢浆草科　*Oxalis articulata*

多年生草本；地下具块茎；叶基生，小叶3，小叶片宽心形；聚伞花序，花心紫色，外面带粉白色，花瓣5；花期4-10月。

48 金钟花　木犀科　*Forsythia viridissima*

落叶灌木；小枝绿色或黄绿色，四棱形，节间具片状髓；花1～3朵簇生于叶腋，花冠裂片4，黄色，先花后叶或花叶同放；花期3月。

附录2 浙江农林大学东湖校区观鸟地图

推荐观鸟去处：

东湖、图书馆及周边；果木园、行政楼至学3及周边；盆景园、学4～学7及周边；学7～学11、重点实验室及周边；翠竹园及周边；古道文化园、集贤食堂、杜鹃谷及周边；官塘及B区后山；农作园及周边；体育馆、A操及周边；茗茶园山谷。

观鸟前你需要准备的：

1.一个屋脊式双筒望远镜，能够迅速锁定鸟类；推荐放大倍率7～8倍，口径30～45mm。（千万不要对准太阳！会有失明的风险！）

2.一本实用的鸟类图鉴或者常见鸟种折页（如本折页）。

3.轻便、贴近环境颜色的服装（防止惊吓鸟类）。

4.帽子、防晒霜、驱蚊液、雨伞等防护装备。

5.一个可以装点什么的便携背包，记得带上饮用水。

观鸟中你需要注意的：

1.不惊吓、追逐、驱赶、投喂鸟类。

2.脚步放轻，不大声叫喊，并请轻声交谈。

3.发现鸟的巢穴请保守秘密。

4.拍摄鸟类时使用自然光，尽量不使用闪光灯。

5.不可为了观鸟或者拍摄需求攀折花草，这样会破坏鸟类的栖息环境。

6.不乱扔垃圾，保护环境。

7.注意安全，不要只顾接近鸟儿而忽略脚下，学会在原处耐心等待，有时也要懂得放弃。

照片提供：

高欣（东湖自然）、徐曦（核桃仁）、赵金富（高天流云）、库伟鹏、林青松（决明）、吕喆（熙明）、宣传（苦恶）。

分区规划图

小鸊鷉 27cm[1]

留鸟，颊和颈部酒红色，虹膜黄色，嘴角有黄色斑块。善潜水。
遇见概率：★★★★★

白鹭 60cm

留鸟，眼先黄绿色，腿黑爪黄。繁殖期头后有两根饰羽。
遇见概率：★★★★★

赤腹鹰 33cm

夏候鸟，上体淡蓝灰，外侧尾羽具不明显黑色横斑，腿上略具横纹。
遇见概率：★★

林雕 70cm

留鸟，褐黑色雕，嘴黄色，翼型宽长平直，停栖时翼尖超过尾端。
遇见概率：★

---

① 该数据表示体长，后同。

苍鹭 92cm

冬候鸟，喙橘黄，具黑色瓣状冠羽，颈中央有黑色纵纹。

遇见概率：★★★★

夜鹭 61cm

留鸟，头顶至背深蓝色，枕部有2～3根白色饰羽。

遇见概率：★★★★★

灰胸竹鸡 32cm

留鸟，脸颊红棕色，上背胸侧及两胁具褐色的月牙形斑。

遇见概率：★★★

白胸苦恶鸟 33cm

留鸟，脸胸皆白，上灰下棕，叫声似"苦恶——苦恶——"。

遇见概率：★★★

池鹭 47cm

夏候鸟，繁殖期头颈酒红色，嘴黄尖端黑，脚黄色。

遇见概率：★★★

斑嘴鸭 60cm

冬候鸟，嘴黑色，尖端黄色。脸上有黑色条纹。

遇见概率：★★

白腰草鹬 24cm

冬候鸟，嘴长，翼下偏黑褐色，有着显眼的白色腰部。

遇见概率：★★

红脚苦恶鸟 28cm

留鸟，腿红，上体全橄榄褐色，脸和胸部为暗灰色。

遇见概率：★★★

环颈雉 80cm

留鸟，雄鸟头部墨绿色，颈部有白环，易于辨认。

遇见概率：★

凤头鹰 42cm

留鸟，胸部有白色横纹。翼指6枚，不突显。

遇见概率：★★

黑水鸡 33cm

留鸟，全身黑色，骨顶红色，体侧有白色横线。

遇见概率：★★★★★

山斑鸠 35cm

留鸟，比珠颈斑鸠稍大，颈部有黑白相间的条纹，腿上具橙色鳞片状斑纹。

遇见概率：★★★★

灰背鸫 24cm

冬候鸟，上体灰色，下体橘黄，常在地面的落叶层翻找食物。
遇见概率：★★★

乌鸫 29cm

留鸟，通体黑色，嘴橘黄色，有黄色的眼圈，脚黑。
遇见概率：★★★★★

棕头鸦雀 11cm

留鸟，头顶褐色，两翼栗色。常结大群行动，叫声为微弱的"啾啾"声。
遇见概率：★★★★★

淡眉雀鹛 13cm

留鸟，上体褐色，头灰，具有明显的白色眼圈。
遇见概率：★★

斑鸫 25cm

冬候鸟，颈部白色，下身遍布黑色斑点的鸫。常大群活动。
遇见概率：★★

暗绿绣眼鸟 13cm

留鸟，上体鲜绿色，具明显白色眼圈和黄色的喉及臀部。
遇见概率：★★★★

北灰鹟（wēng）13cm

旅鸟，头及背部灰褐色，眼先白且明显。
遇见概率：★★★

红头穗鹛 12cm

留鸟，头顶棕褐色，下体黄色，有橄榄绿色调。
遇见概率：★★

强脚树莺 11cm

留鸟，整体棕褐色的小鸟，有一道灰色眉纹，常在灌丛中穿梭，非常隐蔽。
遇见概率：★★★★

黑脸噪鹛 30cm

留鸟，身体棕色，头顶羽毛蓬乱，有黑色眼罩，喜小群喧闹。
遇见概率：★★★★★

短尾鸦雀 10cm

留鸟，头至颈部棕红色，背灰色，常集群在竹林中快速移动。
遇见概率：★

大山雀 14cm

留鸟，头及喉黑，脸部有白斑。有一条延伸到胸部的黑带。
遇见概率：★★★★★

黄腰柳莺 10cm

留鸟，贯眼纹黑色，上体橄榄绿色，腰柠檬黄色。
遇见概率：★★★★★

黑尾蜡嘴雀 18cm

留鸟，黄色的阔嘴，嘴尖黑。
遇见概率：★★★★★

白腰文鸟 11cm

留鸟，上体棕褐色，腰白色，背上有白色纵纹。
遇见概率：★★★★★

红头长尾山雀 10cm

留鸟，头顶至后颈栗红色，过眼纹和喉部黑色，尾长。生性活泼。
遇见概率：★★★★★

斑文鸟 11cm

留鸟，身体褐色，胸前有鱼鳞似的斑纹。
遇见概率：★★★★

燕雀 16cm

冬候鸟，额至背和头、颈两侧黑色，胸部和肩浅棕色。
遇见概率：★★★★

黄腹山雀 10cm

留鸟，两颊白色，下体黄色，翼上有两行白色块斑，常成对活动。
遇见概率：★★★

金翅雀 14cm

留鸟，头灰，背部棕褐色，喉和腰黄绿色，翼上有亮黄色翅斑。
遇见概率：★★★★

黄雀 12cm

留鸟，头和额部黑色，上体黄绿色。
遇见概率：★★★★★

树麻雀 14cm

留鸟，脸颊有明显黑色斑点，喉部黑，与人类关系密切。
遇见概率：★★★★★

小鹀 15cm

冬候鸟，脸颊棕红，侧纹棕黑色似麻雀。
遇见概率：★★★

灰头鹀 15cm

冬候鸟，头部灰绿，常见于低矮灌丛。
遇见概率：★★★★★

珠颈斑鸠 30cm

留鸟，粉褐色斑鸠，颈部有珍珠似的斑纹，飞行时可见白色尾羽。
遇见概率：★★★★★

斑头鸺鹠 24cm

留鸟，全身具棕色横斑，顶冠多横纹，沿肩部有条白色长纹。
遇见概率：★★

树鹨 15cm

留鸟，有明显浅白色眉纹，下身有浓密的黑色纵纹，嘴粉色，常常不断上下摆动尾部。
遇见概率：★★★★

普通翠鸟 15cm

留鸟，头和翼蓝绿色，耳羽橙色，雄鸟全喙黑色，雌鸟下喙红色。
遇见概率：★★★★

斑姬啄木鸟 10cm

留鸟，背部橄榄色，尾部为黑白相间的条纹。
遇见概率：★★★

白头鹎 19cm

留鸟，橄榄绿色，头部与枕部羽毛白色，俗称白头翁。
遇见概率：★★★★★★

家燕 19cm

夏候鸟，背部深蓝色，喉部红色，尾部深深分叉。常伴人而居。
遇见概率：★★★★

金腰燕 19cm

夏候鸟，上体棕钢蓝色，下体白，尾长叉深，飞行时金腰明显。
遇见概率：★★★★

绿翅短脚鹎 24cm

留鸟，橄榄绿色，头顶有栗褐色而尖的羽冠，耳和颈侧红棕色。
遇见概率：★★★

白鹡鸰 18cm

留鸟，羽色为黑色灰三色搭配，胸部有深色斑块，飞行呈波浪状。
遇见概率：★★★★★★

灰鹡鸰 17cm

冬候鸟，背部灰色，腰部和腹部黄色，尾较长。
遇见概率：★★★★★

发冠卷尾 32cm

夏候鸟，体黑，具蓝色金属光泽，头上有丝状羽冠，尾长而分叉。
遇见概率：★★

领雀嘴鹎 23cm

留鸟，身体橄榄绿色，头及喉部偏黑，颈部有白色颈环，较不怕人。
遇见概率：★★★★★

丝光椋鸟 24cm

留鸟，嘴朱红色，脚橙黄色，雄鸟头颈有白色丝状羽。
遇见概率：★★★★★

松鸦 35cm

留鸟，翅上具辉亮的黑、白、蓝三色相间的横斑。
遇见概率：★★★

栗背短脚鹎 21cm

留鸟，头部两侧鲜栗色，羽冠黑色，额、喉部白色。
遇见概率：★★★

红嘴蓝鹊 68cm

留鸟，全身以蓝色为主，顶冠白色，黑头红嘴。
遇见概率：★★★

喜鹊 45cm

留鸟，腹部白色，翅膀全属蓝有白斑，尾长，市区内常见。
遇见概率：★★★

棕背伯劳 25cm

留鸟，背部棕红色，头部灰色，尾长，具黑色眼冠纹。
遇见概率：★★★★★

红胁蓝尾鸲 15cm

冬候鸟，雌雄都有红棕橙色的胁部和蓝尾，白色的喉部显眼。
遇见概率：★★★★

鹊鸲 20cm

留鸟，头、胸、背深蓝色，具有白色长条形翼斑，雌鸟头部更灰。
遇见概率：★★★★★★

八哥 19cm

留鸟，额部有一簇黑色长羽突出，飞行时翅上白斑明显，似八字。
遇见概率：★★★★

北红尾鸲 15cm

冬候鸟，头部银灰色，腰部橙红，两翼具明显白斑。
遇见概率：★★★★★

红尾水鸲 14cm

留鸟，通体暗淡的蓝色，尾红色，喜欢在溪流边和河谷地带活动。
遇见概率：★★★★